JN085008

LIFE SHIFT *for Woman*

女性のためのライフシフト

最高に幸せな人生を過ごすために大切なこと

小林ともこ

フローラル出版

はじめに

24歳で結婚し、4人の子どもの母になりました。子育てと夫の整骨院の受付業務、同居する義父母の世話など、超多忙な日々のストレスに輪をかけたのが、亭主関白な夫の言動でした。やがて主体的に社会参加できないことへの不満・不安から、イライラモヤモヤするようになりました。

そんな私の人生が、耳ツボダイエットサロンの開業をきっかけに、大きく変わります。耳ツボダイエットは、食欲の抑制を促す耳ツボを刺激することで無理なく食べる量を減らせるダイエット法です。同時に栄養指導を行い、食習慣を根本的に改善しますので、お客様が健康で太りにくい体質となられるまで伴走します。体重が落ちることで、血糖値、コレステロール値など、健康に関する数値が軒並み改善するため、生活習慣病のリスクも軽減でき、それこそ泣いて喜んでいただける大変やりがいのある仕事です。

それまで忙しさから栄養のことを二の次にしてきた私は、家族の健康のため、そして、お客様とそのご家族の健康のため、医学的なことはもちろん、栄養学、運動学、心理学など専門知識を得るため懸命に学びました。途中、目からウロコを何枚も落としました。また、お客様の不安、不満をもれなくヒアリングできるよう、カウンセリング法やコミュニケーション技術も学びました。やがてビジネス仲間が増え、自己啓発セミナーで学んだことを皆と共有するようになります。

私にできるだろうか……。うまくできるだろうか……。そんな不安を抱えながら、初めてのことに一つひとつ挑戦し乗り越えてきた結果、ビジネス面においても成果が出せるようになり、現在、約1千500名を指導するビジネスリーダーへと成長することができました。

なぜそうなれたのか。

何をしたらそうなったのか。

本書でお伝えしたいのは、そのプロセスであり、方法です。

現在、専業主婦は減り、共働き世帯が増えています。女性も男性と肩を並べて働ける社会となったように思えますが、それでも、多くの女性が迷いや悩みを抱えています。

「女性の活躍推進」と言われても、自分に何ができるのか。働こうにも、子どもがいて自由に動けない。パートでは賃金が安くてお金が貯まらない。そうした現状にあえいでいる女性がたくさんいます。

私は、そんな女性の皆さんに、本書を通じ、こうメッセージしたいのです。

「大丈夫。人生は変えられますよ」

ただし、そのためには、**いまとは違った何かをする必要があります。**

これまでやってきたことを、明日もあさっても同じようにやっていては、変化は起きません。昨日とは違うことをするから、いままでとは違った明日がつくられていきます。これまでとは違った生き方をするから、行き詰まっていた人生が切り拓かれます。そんなふうに、**生き方を変えるために舵を切っていくのが「ライフシフト」**です。「ライフシフト」とは、変化を起こして人生を輝かせる、ということです。

結婚し、家庭に入り、子育てし、老後を迎え、年金で暮らす――この生き方から脱皮し、**心からワクワクする人生を生きる**、ということです。


そんなこと私にできるだろうか?と思いますか?

一歩を踏み出すのは怖いですか?

安心してください。「ライフシフト」は、誰にでもできます。


私のまわりでは、離婚してシングルマザーになった女性、会社での人間関係に疲れ果てた女性、体調不良と自身の不遇から人生に絶望した女性など、さまざまな悩みを抱えた女性たちが「ライフシフト」に踏み切ったことで、数千万円を稼ぐ経営者になったり、長年の夢を叶えたりして、笑顔いっぱいの人生へと転身しています。

私自身も、高い年収、別荘、心が通じ合う仲間や健康な心身に恵まれ、充実した日々を送っています。

もしもそんな女性が増えていったら、この世はもっと明るくなるのではないでしょうか。元気になるのではないでしょうか。

あなたもそうなれます。

女性であるあなたが幸せな人生を生きることで、世の中が幸せになる。

私はそう信じています。


本書が、皆さんのライフシフトに向けた一歩を後押しするものとなることを心から願っています。

もくじ

第2章 「自分の人生」を生きる
自分を止めているブレーキを外そう

第3章 最初の一歩を踏み出すために

あなたが変わるとまわりも変わる

第4章 Step 1 やりがいを見いだす

胸の奥深くにしまいこんだ夢を解き放とう

第5章

Step2　自分のお尻は自分でたたく
妄想で終わらせないために

第6章 Step3 仲間を増やす

自分を磨き、人に尽くす

第1章

ライフシフトという考え方

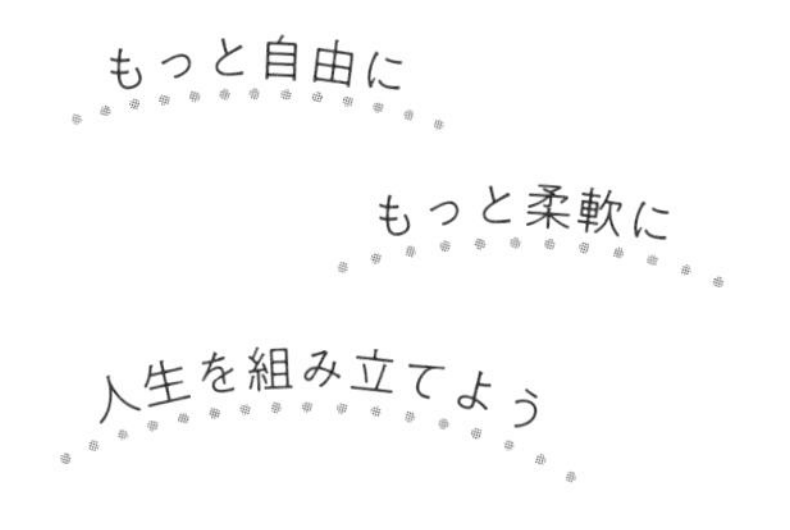

生活破たんが目の前に迫っている？

人生１００年時代。いや、いまや１１０年時代。女性が、将来の不安から抜け出す唯一の道は、自分でしっかりと収入を得ていくことだと、思っています。

日本はこの20年で大きく変わりました。２００１年には４６４・７万円だった日本人の平均給与は、２０１８年には４３３・３万円に下がっています（令和２年版 厚生労働白書）。国の豊かさを示す一人当たりの国内総生産（ＧＤＰ）は世界第32位（２０２２年 ＩＭＦ）。経済大国ニッポンの地位が、いま揺らいでいます。

未来を担う子どもたちの数は減り続け、65歳以上人口の割合は、29・１％（２０２２年）と世界第１位。

こうした数字を見ると、「日本はこれからどうなるんだろう……」と思います。少し前になりますが、「老後2千万円問題」がクローズアップされました。年金プラス２千万円の貯金がないと老後30年間を生き抜けない、という話題です。

ところが現在は、2千万円の貯金では足りず、4千万円ないと生活は難しい、という説も出てきています。

高齢者の医療費の窓口負担の増加、年金受給開始の先延ばしなど、年をとるのが怖くなるような話題ばかりです。

本当に不安だらけの世の中。自分自身の老後はもちろん、日々の生活費、子どもの教育費、親の介護費……と、これからの人生に必要なお金のことを考えただけで、頭が痛くなってきます。収入面の不安から、「自分は結婚できない」と考える若い世代も多く、今後ますますシングルが増えそうな状況になっています。

もしかしたら、あなたもこうした日本の現実を前に、将来に不安を抱える一人でしょうか?

「自分は幸せになれそうにない……」「このままだと生活は苦しいばっかりだ」「人並みに結婚もしたいし子どももほしいけれど、いまのままでは無理そう……」

そんなモヤモヤを抱えていらっしゃるのではないでしょうか。

私も以前は、モヤモヤだらけでした。だからこそ、あえてこう言いたいのです。そんな人生から脱出するために、女性は「収入を誰かに頼る人生」から「必要な収入を自分でつくりだす人生」に変える準備が必要だと。

私が20代の頃、まわりには圧倒的に主婦が多く、働く女性は少数派でした。私自身も、第一子出産以降、夫の収入だけで家計をやりくりする主婦となりました。現在のように、社会の第一線で仕事をするようになるなんて、思ってもみませんでした。

妻は夫を支えるために、一歩も二歩も下がって尽くす。

これがあの頃の価値観でした。

でも、その価値観では、これからの世の中を生き抜けない……。そう実感しています。なぜなら、時代が進めば進むほど、たくさんの不安が襲ってくるからです。

このまま物価高が止まらず、家計が火の車になったら……。

もし夫の収入が突然途絶えたら……。

働きたくても、雇ってもらえなかったら……。

貯金もできず老後を迎えたら……。

でも、心配はいりません。不安というものは、克服できるからです。どうやって克服するかというと、**「準備すること」で克服できる**のです。

先行き不安定な世の中だからこそ、いまから準備をする必要があるのではないでしょうか。すぐに収入を得られなくても、準備をすることは誰にでもできると思います。そしてその準備は、必ず近い将来、花開きます。

女性の人生を切り拓く「ライフシフト」

収入を得る準備をする前に、よい人生を送るためのキーワードをお伝えしておきたいと思います。「**自分の人生を生きること**」です。

ライフシフトという言葉を聞いたことがあるでしょうか。「**人生のステージを転換する**」という意味です。そもそもは、2016年に出版され、日本をはじめ世界中で話題を集めた書籍のタイトルで、「誰もが100年生きうる時代をどう生き抜くか」というテーマのもと、長寿社会を前提に教育や働き方を再定義し、新たな人生設計を考える必要性を説いたものです。

これまでは、人生は左の図のように「**教育→仕事→引退**」の3ステージでした。

●人生80年時代の3ステージ

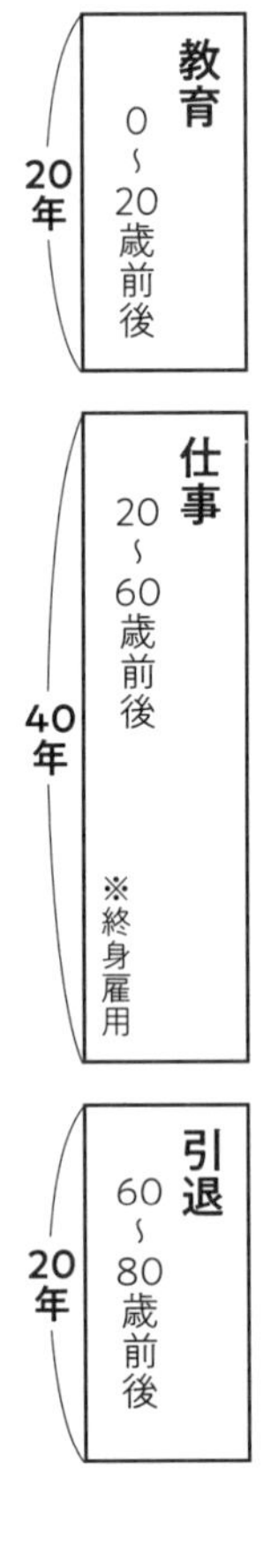

生まれてから成人するまでは教育を受け、それ以降は社会に出て仕事をし、定年になったらリタイアし、悠々自適の老後の人生を送る。こうしたステージを順に踏んでいくことが順調な人生だと考えられてきました。

しかしいま、私たちの寿命は大幅に延びています。日本の平均寿命は、この20年で、男性が78・07歳から81・47歳へ、女性が84・93歳から87・57歳（2001~2021年 厚生労働省）へと延びています。医療の進歩はめざましく、近い将来、100歳まで生きるのが当たり前の世の中がやってきます。「日本で2007年に生まれた子どもの半数は107歳まで生きる」との研究予測（カリフォルニア大学バークレイ校及びドイツ マックス・プランク研究所）も示されています。

そうなったとき、これまでと同じように、20歳までは教育、定年までは仕事、それからあとは老後、という3ステージで人生をイメージしていると、引退後の老後の時間が膨大になります。65歳で定年を迎えたとして、あとの35年間も人生の時間が残っているのです。

この時間こそが、**女性にとっては大きなチャンス**なのです。

老後と言われる時期からが、ワクワク人生の始まり

ライフシフトでは、人生を3ステージに当てはめて考えることはしません。**もっと自由に、柔軟に人生を組み立てていく「マルチステージ」という考え方**が提唱されています。

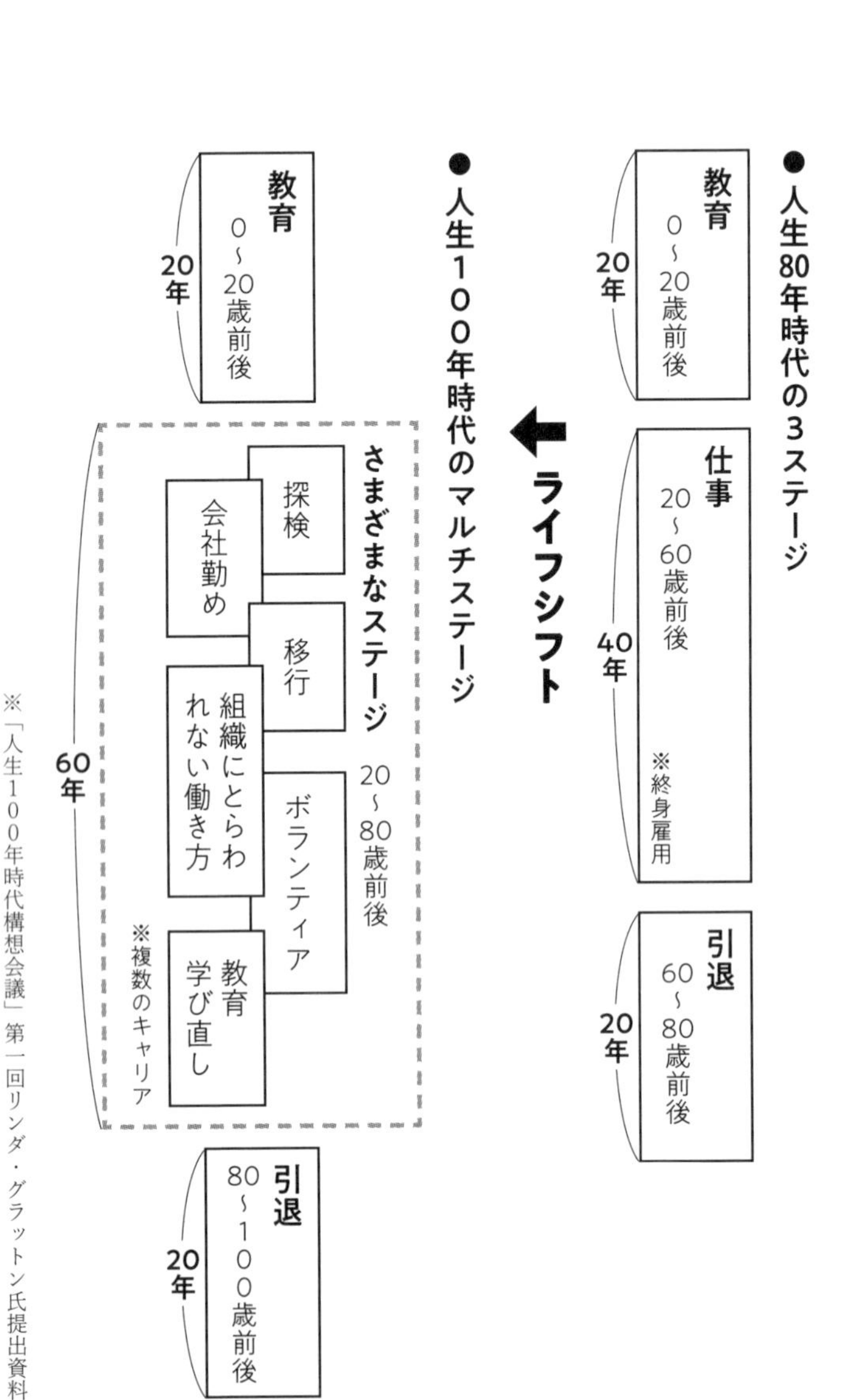

※「人生100年時代構想会議」第一回リンダ・グラットン氏提出資料（2017年9月11日）を参考に作成したもの

例えば、成人していったん社会に出たあと、もう一度学び直すために40代で大学に入り直す。そして、50代で本業のほかに副業を始め、60代になったら独立し、70代でボランティアを始める。その経験を活かし、80代でセミナー講師になる……そんな生き方です。

主婦であれば、子育てが終わった40代後半から、好きなことを仕事にするために講座やセミナーに通ったり、起業の勉強をしたり。そして、残りの人生を、本当にやりたいことをやっていく人生にしていく。「扶養控除の範囲内でいい」「私は営業なんてできない」など、社会に出て働くことに対して悲観的で自己肯定感が低いとされる〝主婦脳〟から、主体的、戦略的、楽観的で、明確な目的を持って行動するという〝経営者脳〟へと思考のタイプを早々に切り替え、夢と希望にあふれた人生へと転換するのです。「60歳を過ぎたら引退し、あとは老後のひまつぶし」という生き方ではなく、老後になっても、会社を興したり、新しい挑戦をしたり、世の中に役立つ活動をしたりできる。そう考えるだけでワクワクしませんか？　そんな、自分らしいワクワク人生をもたらしてくれるのが、ライフシフトなのです。

「いま」が未来の自分をつくる

このお話をすると、多くの女性が「確かにそうだ」と納得してくれます。でも、次に出てくるのは、こんな言葉です。

「子どもたちが巣立ったら、次の人生を考えたい」「夫が定年になったら、好きなことをやってみたい」「もう少し生活が安定してから挑戦してみたい」

もちろん、人生はいつからでも楽しくできます。でも、少し想像してみてください。50代、60代になると、いまより体力は落ちます。ＰＴＡやママ友ネットワークから離れたり、会社を退職したりと、これまでつながっていた人たちとの交流が減ります。体力も人脈も衰え始めてから、いざ新しいことを始めようとしても、心と体が思うように動いてくれない。そんな状況になるのではないでしょうか。

だからこそ、いまからライフシフトを考える必要があるのです。**「〇〇になったら」ではなく、「いま」なのです。**

「そうは言うけど、一歩を踏み出せない」と思う人も少なくないでしょう。「ただでさえ子育てや家計のやりくりに追われているのに、そんな余裕はない……」「独身で不安しかないのに、先のことなんて考えられない……」とため息をついているかもしれませんね。

その気持ち、わかります。私もかつてはそうでした。現在のようになれるなんて、想像すらしていませんでした。でも、そんな方ほど考えてみてほしいのです。**いま何を決断し、何を始めて、何を積み重ねていくのか。その結果が、未来のあなた**なのだと。**将来のあなたは、いまのあなたがつくるしかない**のだと。

「だけど、いまうまくいっていないのに、そんな私が未来なんてつくれるの？」と思うかもしれません。大丈夫です。**少し物事の捉え方を変える**だけで、**いまのままのあなたで十分に未来を築いていくことができる**のです。

資産は、すでにあなたの手の中にある

私たちは「収入」と聞くと、「労働収入」を頭に思い浮かべます。働いてお金をもらうという考え方です。就職したり、パートに出たり。毎月お給料をもらえるので、それが一番安定している、とも思います。

しかし、「労働収入」は、安定しているようで、実はあまり安定していないのです。なぜなら、自分ではどうしようもないことで、突然、収入の道を閉ざされてしまうことがあるからです。

例えば、働いている会社やお店が倒産すると、途端に働くところがなくなります。そこまでいかなくても、業績が悪くなると、解雇されたり、派遣切りにあったりします。

それだけではありません。もしも病気をして動けなくなったら、労働しようにもできなくなります。労働収入は労働した分だけいただけるものですから、働けなくなったらもらえなくなります。

「じゃあ、どうしたらいいの?」と思いますよね。実は、**あなたがすでに持っ**

ている「目に見えない資産」を活用することで、収入を生み出すことができるのです。

「え？ 目に見えない資産って、なに？」と思われたかもしれません。無理もありません。私たちには、「資産とはお金や土地のことだ」という固定観念があるため、目に見えない資産と言われても、ピンとこないかもしれません。でも、これからは、この「目に見えない資産」こそが、収入を生み出す鍵となります。

私たちは、収入を得るためのスキルとなると、会社で必要とされるスキルや能力を連想しがちです。事務のスキル、会計のスキル、営業のスキルなどです。それがないと、働くことすらできないと思います。

でも、それは人間が持っているスキルや能力のごく一部に過ぎません。それ以外のところにも価値あるスキルや能力があることに、多くの人は気づいていません。

例えば、結婚している女性の多くは、一家の台所を預かっています。女性が買ってくるもの、選んだものを、家族が食べたり使ったりします。家計を上手にやりくりしながら、家族にとって最善のものをセレクトしています。

これは、実はすごいスキルなのです。なぜなら、その行動が**家族の健康と幸せ**をつくりだしているからです。台所を預かっている女性は、実は「**非常に高度な役割を果たしているハイスペックな能力者**」なのです。こうした能力が「**目に見えない資産**」、つまり、**無形の資産**です。

「母性」が収入を生む源

台所で磨かれた、人の健康と幸せをつくりだす無形の資産。これはいま、多くの場で求められています。会社、学校、地域など、あらゆるところで、人とのつながりや触れ合いが減っています。それにともなって、孤独な人が増え、体と心の健康がどんどん損なわれています。いまや社会問題へと発展しているくらいです。

その解決の糸口となるのが、女性が持っている無形の資産です。人への気配り、健康への気遣い、ママ友との付き合い方、友人との関係づくり、夫や子どもたちとの関わり……。これらはすべて、女性が培ってきた能力であり、無形の資産です。

え？ そんなことが資産になるの？と思うかもしれませんが、人生を柔軟に組み立てるライフシフトの時代には、こうした資産こそが大切なのです。

例えば、私がいま手がけている耳ツボダイエットサロンの経営。これはまさに、女性が持つ無形の資産を活かしたビジネスです。耳ツボダイエットの内容については、のちほど詳しくご説明しますが、この仕事は、不健康だった人を健康へと導く仕事です。体調への不安や健康に関する悩みを聞き、その悩みに寄り添い、改善していくお手伝いをしていきます。

こうしたことを行っていくには、きめ細やかな思いやりが必要ですし、相手の気持ちに共感する優しさも必要です。人間関係をつくるため、安心を感じていただけるコミュニケーションをとることも大切になります。気配り、気遣い、思いやり、寄り添い、励まし……。そういった「母性」が求められるのです。

母性は、私たち女性が自然と身につけてきたものではないでしょうか。母として、妻として、娘として生きてきた人生経験が、母性を育んでくれるのだと思います。そういう意味では、**女性は特別なことをしなくても、すでに優れた無形の資産を持っている、**とも言えます。

「学び直し」が無形の資産を花開かせる

しかし、ただ無形の資産を持っているというだけでは、収入を得るのは難しいかもしれません。というのも、**無形の資産を収入に変えていくための「学び」**が必要だからです。

相手の健康を思う「思いやり」は、無形の資産です。でも、どんなに思いやったとしても、栄養や食べ物に関する知識や、体調を整える方法を知っていなければ、相手の役に立つことはできません。収入は、人の役に立つことで生まれます。ですから、思いやりを人の役に立つサービスに変えるための知識の習得、技術の学びなどが不可欠なのです。

私はいま、「生活習慣病を半減すること」を目的に、賛同してくれる仲間を増やし、その仲間たちが自分でサロン運営できるようサポートし、しっかりとした収益を得られるよう支援をしています。女性の皆さんに自立した人生を歩んでほしい、という想いがあるからです。

その想いを実現するために、健康の知識、サロン経営のやり方、仲間をサポートするための教育スキルを学んできました。その学びがあったからこそ、私は耳ツボダイエットサロンを全国展開するオーナーとして収入を得ることができ、この30年間で1万人を超える仲間（2023年現在）をつくることができました。

この仕事を始めたとき、私には何の経験も特技もありませんでした。「こんな私に何ができるんだろう……」というくらい、何も持っていませんでした。普通の主婦として、家計をやりくりしながら、家族の生活を支え、夫の仕事の手伝いをしていただけでした。

でも、もう一度学び直すことによって、私は耳ツボダイエットの施術者となり、サロンの経営者となり、ビジネスグループのリーダーとなることができました。**新しい知識やスキルの再習得**が、私がもともと持っていた主婦としての無形の資産を、花開かせてくれたのです。

私は、自分が手がけている仕事を、「**コミュニケーション・ビジネス**」だと考えています。人のつながりや口コミによって、商品やサービスを広めているからです。

多くのビジネスでは、広告やCMに多額のお金をかけて商品やサービスをアピールします。人のつながりではなく、宣伝やコマーシャルといった情報によってものを売っていくやり方です。

でも、コミュニケーション・ビジネスは、人と人とのつながりで商品やサービスを紹介していきます。だから、費用をかけて不特定多数の人に広く宣伝する必要がありません。

それだけにコミュニケーション・ビジネスでは、**人間力**がものを言います。相手に「この人、いいな」「この人といっしょにいると元気が出るな」と思っていただくことが、ビジネスの広がりにつながり、結果的に収入に結びついていきます。

コミュニケーション・ビジネスは**「誰がやるか」が重要**です。人を思いやり、人の健康や幸せを願う人がやれば、そのビジネスは血の通ったすばらしいものになります。私は、女性こそが、血の通ったコミュニケーション・ビジネスを成功させることができると信じています。

楽しく生きるために稼ぐ

良い人生を送るためのキーワードは、「**自分の人生を生きること**」だとお伝えしました。自分の人生を生きるとは、自分が「こうありたい」という人生を、しなやかに、伸び伸びと生きることです。

好きなことをし、日々を楽しむためには、やはり先立つもの、つまり収入が必要です。でも、収入を得ようとする動きを止めてしまっている、ある「心理」

があります。

ある40代の女性と会話しているとき、「月にどのくらいの収入があれば、これからもずっと安心して生活できそう？」という話になりました。女性は「月30万円」と答えました。人生１００年だとしたら、残りの60年に毎月30万円かかることになります。計算すると、総額2億1千６００万円。「え〜！」とびっくりするような金額になることがわかりました。

もしも、あなたの残りの人生、少なく見積もっても2億1千６００万円かかるんですよ、と言われたら、どうしますか？　きっと多くの人が、「そんなにかかるのなら、もっともっと貯金しておかなきゃ」と思うでしょう。

日本に経済力がなくなっているのは、これが原因なのです。**将来の生活にはお金がかかる→いまの貯蓄額では無理→さらに節約して貯金しなきゃ、という守りの心理が働くことで、人はお金を使わなくなる**のです。

生活者がお金を使わないと、経済はどんどん停滞していきます。日本の全国民の貯金総額は、2千5兆円（2022年12月 日銀資金循環統計）と言われていますが、いくら貯め込んでも、お金は使わなければ経済は回りません。

日本の経済が上向くためには、生活者が安心してお金を使えるようになることがポイントです。「たくさん貯金しなくても大丈夫、使ったら、また頑張って稼げばいいんだから」といった心理が働けば、景気は自然と良くなります。

「無形の資産」を活かした働き方を考える

稼ぐというと、一攫千金を狙うようなイメージを持つ方がおられます。しかし、稼ぎというのは、日々の小さな積み重ねによって生み出されるものです。逆に、「すぐに儲かる」という話には、大きなリスクがついてまわります。世の中に、うまい話はありません。一攫千金をアピールしてくるビジネスは、疑ってかかったほうが無難でしょう。

小さなことからコツコツ始める。これが秘けつです。大切なのは、自分がいま持っている能力を活用して、無理せず収入を得ていくことです。

パートやアルバイトで自分をすり減らして働いて、頑張っても頑張っても時給が上がらず、景気が悪くなると真っ先に切られてしまう。すばらしい無形の資産を持っている女性の皆さんがそんな働き方をするなんて、私はすごくもったいないと思っています。

これからは、労働収入だけでなく、自分の中にある無形の資産を活かした働き方、収入の得方を考えていく必要があるのではないでしょうか。そうすることで、私自身、さほど将来の心配をすることなく、自分のほしいものや好きなことにお金をかけることができるようになりました。

私は思います。

好きなとき、好きな人と、好きなだけ、好きなことができる人生は最高だと。

そんな人生が、究極の「自分の人生を生きること」だと思います。そして、一人の人間としてキラキラ輝く道なのです。

どんな状況でも生き方は変えられる

無形の資産を活かし、パート主婦からサロン経営者となった女性の例をご紹介します。

Mさんは結婚後、2人の子どもをもうけ、パート主婦として過ごしていました。時給は880円。一生懸命働いていたものの、生活はなかなか豊かになりませんでした。

でも、それよりもっと深刻だったのが、夫婦関係です。夫の浮気が多発し、幸せと言える状態ではありませんでした。

「離婚したい……」。そう思っていましたが、パート主婦のままでは、小学生の子どもたちを育てていくだけの経済力はありません。そのため離婚に踏み切りたくとも、どうしても勇気が出ませんでした。

そんなある日、Mさんは美容整体と出合います。「手に職をつけておけば、いつか役に立つかもしれない」。そう思い、パートで細々と貯めたお金で美容整体を学び、資格を取得しました。

Mさんは、小さな美容整体のサロンを開き、お客様に真心を込めて接しました。平均の来店客数は1日6名。整体のときに使うバスタオルもこまめに変えながら、丁寧に施術をしていました。

一日が終わると、お客様に使ったバスタオルが山のように積み上がっていました。家の中は洗濯物だらけ。サロンでの仕事で体力を使い果たしてボロボロなのに、夜中の11時にバスタオルを持ってコインランドリーまで走る。そんな毎日でした。

でも、そこまでやっても、売上は月30万円程度にしかならなかったのです。「このままだと死んでしまう……」と本気で思いました。

そんなMさんを救ったのが、耳ツボダイエットです。美容整体を学んだときの師匠が、「すごくいい」と絶賛していたのが、耳ツボダイエットでした。

Mさんは、新たに耳ツボダイエットの技術を身につけ、お客様に施術をご提供したところ、驚くべきことが起こりました。なんと4ヶ月で15・5kgも痩せたのです。Mさんは「この技術は本物だ」と思いました。これを広げていけば、もっとお客様のお役に立てるかもしれない。そう感じました。

さらに、Mさんは、耳ツボダイエットを始めてすぐ、あることに気づきます。月に6名のお客様に施術を施すだけで、美容整体と同じ利益を得られたのです。これなら、毎日ボロボロになるまで働かなくても、十分な収入を得られると思いました。

しかも、劇的なダイエット効果が出るので、お客様には涙ながらに心から感謝されました。

「本当にありがとうございます！　先生のおかげです！」。そんなお客様の声を聞いているうち、Mさんは、「耳ツボダイエットは、多くの人を救うものだ」と確信するようになりました。そして、自分と同じ技術を身につけた人を増やすことで、もっともっと救えるお客様を増やそう、と考えるようになりました。

Mさんは、自分が施術をする時間を減らし、空いた時間を、耳ツボダイエットのセラピストを育成することに費やしました。学んでくれる人に寄り添い、悩みを聞き、コミュニケーションをとりながら育成することで、主婦から優秀なセラピストとなる人がどんどん増えていきました。それによって、Mさんは何人ものセラピストをサポートするオーナーとなり、より多くの収入を得られるようになっていったのです。

現在、Mさんが育てたセラピストの数は200名にのぼっています。そのうち50名が、実際に自分のサロンをオープンし、ダイエットに悩む多くのお客様を救っています。

また、Mさんの年収は2千万円を超えています。女性としての優しさ、きめ細やかさ、思いやりという無形の資産を活かしながら、耳ツボダイエットの知識と技術を新たに習得し、多くの人を幸せにした結果、時給880円の労働収入だけを得ていた人生から、大きな収入を手にできる人生へと変わっていったのです。

先日、Mさんのサロンが開店10周年を迎え、記念パーティーが催されました。Mさんのお父様が挨拶に立たれ、「娘は幼い頃からいろいろなことに挑戦してきたが、このように10年間続いたものはひとつもなかった。サロン運営の仕事はそれだけたくさんの方に喜んでもらえる充実したものだったのでしょう」と話されたことが強く印象に残っています。

Mさんはいま、キラキラと輝いています。夫とも離婚が成立し、自分の人生を、胸を張って歩いています。

収入を左右するのは「心」のあり方

Mさんのような成功例を聞くと、自分にはとても無理、とてもできない、と思うかもしれません。

しかし、Mさんは特別優れた能力を持っていたわけではありません。むしろ、普通の主婦でした。それでも、大きな年収を得る人生を手に入れています。

もし、あなたが何をやってもうまくいかない状態なら、**あなたに実力や能力がないからではなく、「無理だ」と思っている心のあり方こそが、うまくいかな**

い現実をつくっているのかもしれません。

私はよく、まわりの人にこう言っています。「好きなことをしたい。収入を得たい。幸せになりたい。そうなりたいなら、まず自分がその思いをしっかり受け止めなければ、そうはなりませんよ」

贅沢できたらいいなあ、お金があったらいいなあ、そんなふうに考えている人はたくさんいます。でも、**理想の人生を手に入れている人は、「○○だったらいいなあ」ではなく、「○○になる!!」とまっすぐに思っています。**だから叶うのです。

多くの人が夢を叶えられず終わってしまうのは、何より、なりたい姿を思い描いていないからです。才能もスキルもない自分には、夢なんて叶えられっこない、という考え方が、それを邪魔しているのです。

大丈夫です。夢を描くのに、才能やスキルは必要ありません。〝根拠のない自信〟を持つことの方が大切です。それに、才能なんてなくても、しっかりと収入を得ていくことは可能なのです。

「人のために」という思いが人生を切り拓く

Mさんのように、成功の人生を歩んでいる人には、ある共通点があります。それは、**「人を助けたい」という思い**を持っている点です。誰かのために何かをしたい、という考え方があるから、ビジネスがうまくいくように思います。

収入を増やすためには、儲けなければなりません。ですが、不思議なことに、儲けようとした瞬間、儲からなくなります。自分が得をするためではなく、困っている人を助けたり救ったりするために行動すると、儲けようとしなくても、自然とお金は回ってくるものです。収入は人に喜んでいただいた量に比例して伸びる、**「〝喜び高〟＝収入」**だと言えるでしょう。

Mさんも、ダイエットに悩んでいる人を助けたい、という思いが根底にあったからこそ、耳ツボダイエットサロンがうまくいきました。自分だけが儲かればいい、という気持ちでサロンを運営していたら、きっとたくさんの収入を得られるほど発展しなかったでしょう。

成功に一番必要なのは、**「何のためにこの仕事をするのか」という志**です。志というと大げさかもしれませんが、簡単に言えば、**「愛する人、大切な人、ご縁のある人を幸せにしたい」と思っているかどうか**です。

家族を幸せにしたい、お客様を幸せにしたい、関わる人を幸せにしたい。そんなシンプルな気持ちがあれば、必ず成功します。ノウハウやスキルは、あとで学べばＯＫ。誰かのためにという心のあり方が、最も重要なのです。

あなたには、「縁ある人を幸せにしたい」という気持ちがありますか？

「こんな人生を送りたい」という願望はありますか？

2つともイエスなら、あなたはなりたい自分になることができます。いまがどんな状況であっても、そうなれます。

人脈もスキルも経験も、何も持っていなくても大丈夫です。なぜなら、かつての私自身がそうだったからです。24歳で結婚した直後、夫の転職でお給料が激減し、赤字すれすれの状態で家計をやりくりしながら4人の子どもを育て、義父母と同居していた当時の私には、何の力もありませんでした。でも現在、物心ともに豊かな人生を送ることができています。

次の章では、私の半生をご紹介しながら、どんなふうに人生を変えてきたかをお伝えしていきます。

第2章

「自分の人生」を生きる

自分を止めている

ブレーキを外そう

「女子は大学に行く必要なし！」で夢を断念

私が結婚したのは、24歳のときです。夫と出会ったのは学生時代。二人ともスポーツが好きだったので、その縁で知り合いました。

九州出身の私は、幼い頃から男勝りで、正義感が強い女の子でした。毎日鉄棒でくるくる回ったり、ソフトボールをして遊んだり。とにかくじっとしていない子どもでした。特に女の子をいじめる男の子は許すことができず、いじめっ子とよく対決していました。そんな私の後を、4つ下の泣き虫の妹がついて回る。そんな幼少期でした。

スポーツを始めたのは、小学生のときです。まずはソフトボールからスタートし、中学生のときはバトントワリング、そして高校ではテニスに打ち込みました。

もともと体を動かすのが好きだった私にとって、スポーツをしている時間は、自分らしさを思い切り発揮できる時間でした。「スポーツをしているときが一番楽しい」と思うようになり、やがて、「体育の先生になりたい」という夢を抱くようになりました。大好きなスポーツに携われ、長く活躍できる仕事が体育の先生だと思ったからです。

体育の先生になったら、きっと仕事に熱中する。だから私は、同級生の中で一番結婚が遅い――そんなふうに思い込んでいました。結婚よりも仕事で輝きたいという願望のほうが強かったのです。

しかし、その夢はあっけなく途絶えてしまいました。〝九州男児〟の父に反対されたからです。というのも、当時、女性が4年制大学に進み、卒業後、社会でばりばり働くというケースは、まだまだ少数派で、ほとんどの人が「女は結婚して家庭に入るのが一番の幸せ」と考えていました。きっと昔気質な私の父も、娘は高校を出たら就職するもの、と考えていたのでしょう。私が体育教員になるために4年制大学を受験しようとしていた矢先、「女子は大学に行く必要はない！」と反対したのです。

一家の長である父に、「大学はダメ」と言われたら、もうどうしようもありません。家庭の中では父親が一番偉いとされていた時代でしたから、父に逆らうなんて考えもつきませんでした。

私は、体育の先生になる夢をあきらめざるを得ませんでした。そして、仕方なく短大の家政学科に進学しました。まったく興味のない分野でしたが、それしか選択肢がなかったのです。

2年間の短大生活を終えたあと、OLになりました。何の変哲もない普通の毎日でしたが、大好きなスポーツだけは続けたいと思いました。中でも楽しみだったのがスキー。土日を使い、後輩が企画したスキーツアーに参加しました。ツアーには、バス1台分・50人ほどの男女が参加していました。その中に一人、見覚えのある顔がありました。高校時代、同じテニス部に所属していた男性でした。たびたび部活をさぼるのに、なぜかテニスはうまく、私が内心「ずるい……」と思っていた人でした。

それが、夫となる小林英健でした。高校時代は互いにほとんど意識していませんでしたが、大学生とOLとして偶然スキーツアーで再会したのをきっかけに、付き合うように。彼が就職し、社会人1年生となった年の秋、私たちは結婚しました。思い返せば、超未熟なひよっこ同士でした。私のほうが社会人としては2年先輩でしたが、お恥ずかしい話、家政学科を卒業したにもかかわらず、料理は苦手。なので夫婦共働きだった新婚当初は、毎日の家事をこなすだけで手一杯でした。

ところが結婚1年が経とうかという、ひよっこ夫婦なりに生活リズムが整い始めた頃に、夫が人生を一変させる決断を下したのです。

夫が退職。いきなり極貧生活へ

夫は、大学2年の心理学の講義で「幸福論」を学んだ際に、幸せな人生を送るには〝生きがい〟がいかに大切であるかということに気づきました。生きがいこそが、人生に幸せや楽しさという生きる原動力をもたらすものなんだ、と。

さらに、当時は、就職したら残業は当たり前、企業戦士として定年まで猛烈に働くのが当然といった時代でしたので、夫は、「生きがい、やりがいを感じられる仕事に就こう、そうすれば、ずっと幸せに楽しく過ごせるじゃないか」と考えました。

しかし、大学在学中に、自分が生きがいを感じられる仕事が何なのかを見つけられないままに、就活の時期を迎えました。そこで、公務員の父親が毎日17時には帰宅していたため、定時に帰宅できる仕事であれば、夜の時間を〝生きがい探し〟に当てられるのではないかと、公務員試験と警察官採用試験を受けましたが、両方とも不合格に終わりました。

その後、街で銀行のシャッターが午後3時に早々と下りるのを見て、「銀行なら夕方5時か6時には帰れるだろう」と思い、銀行の採用試験を受け、晴れて合格したのです。

もちろん、世の中そんなに甘くはありません。夫の見込みに反して、すぐに残業続き・仕事漬けの日々が始まり、夫の顔色はどんどん悪くなっていきました。結果、1年も経たないうちに、銀行をやめてしまったのです。

夫が銀行を選んだ理由を承知していましたし、「毎日1円単位の計算に取り組むような仕事は向いてないだろうな」と思ってはいましたが、まさか、「整骨院に転職する」という理由でやめることになるとは思ってもいませんでした。

夫が、整骨院を転職先に決めた理由は、銀行の仕事で、さまざまな業種の経営者・担当者と話す中で、皆が仕事に対する愚痴や不満を口にする中、唯一整骨院の先生だけが、自身の仕事を誇らしげに話されたから、というものでした。

先生が「この仕事は人から感謝される上に、お金までいただける素晴らしい仕事なんです」と話された瞬間に、夫は、自分が長年探していた仕事は「これだ！」と直感したそうです。「これこそ自分に生きがい、やりがいをもたらしてくれる仕事だ」と。

夫は、自分にとっての「やりがいの感じられる仕事」がわかるやいなや、柔道整復師の国家資格をとるために専門学校に通うという目標を定め、さっさと銀行をやめてしまったというわけです。

夫の中では一貫性のある選択でしたが、まわりには唐突な選択としか映らなかったようで、大反対を受けました。安定した銀行員の仕事を捨て、不安定な整骨院の仕事を選ぶのです。しかも、結婚したばかり。夫の上司である支店長のお宅に、結婚式の仲人をお願いするために訪ねたそのわずか2ヶ月後に、退職の意向を伝えに訪ねることになったため、義父は大激怒です。

実家の父も心配して私を連れ戻しにきましたが、一度、「この人と生きていく」と決めた以上、後戻りはしたくなかったため、「夫を男にしてあげたいから」とはっきり断りました。後になって聞いたことですが、夫は、私のこの言葉で、「覚悟が決まった」そうです。

そんな経緯もあって、どちらの両親にも、「専門学校に通うお金を出してほしい」とは、とても言い出せず、結局、私がＯＬ時代にコツコツ貯めていたお金を全部使って授業料を払い、夫は専門学校に通い始めました。

ちょうどこの時期、私のお腹の中に、新しい命が宿っていました。このときからです。わが家の極貧生活が始まったのは。

チラシを握りしめてスーパーをはしご

やがて長女が生まれ、家族が増えたにもかかわらず、月収は夫がアルバイトで稼いだわずか８万円。思えば、あの頃が最も生活が苦しいときでした。

家族3人、やっとの思いで生活する中、夫は専門学校に2年間通いました。私は銀行員の妻から一転、勤労学生の妻となったのです。

夫は柔道整復師の資格取得と同時に、自分の整骨院をオープンしました。開業に伴い、ローンを組んで一戸建てを購入し、1階を整骨院、2階を住居にしました。私と夫二人だけで切り盛りする小さな整骨院でした。この年に第二子の長男が誕生しており、近くに住む夫の祖母に育児を手伝ってもらいながらの開業となりました。

夫は、その後さらに鍼灸師の資格を取得するため、3年間、専門学校に通いました。午前の診療後、昼間、学校に通い、帰宅後、夜診を行うといった忙しい日々でした。

開業の2年後に第三子の次男が誕生。自営業者の妻、と言えば聞こえはいいですが、夫はまだ勤労学生でしたので、収入は学費に飛んでしまいます。生活費はカツカツ。エンゲル係数をいかに抑えるかが、私の大きな役割でした。1円でも安い玉子を買うために、新聞の折り込みチラシを片っ端からチェックし、子ども一人をおぶって、残る二人を自転車の前と後ろに乗せ、チラシを握りしめてスーパーを走り回る。それが日課でした。

家族の体調不良でいっそうパニック

あの頃、私は家族の健康のことなど、ほとんど頭にありませんでした。できる限り安い食品を買い求め、家計をやりくりしなければ、という気持ちでいっぱいでした。添加物がたくさん入った加工食品や、色のついたジュースなどもたくさん買っていました。それが家族の健康にどんな悪影響を及ぼすのか意識することもせず、ただ安さだけを追い求めていたのです。

そのためか、子どもたちは風邪やインフルエンザによくかかっていました。1人が感染すると、ほかの子どもたちにうつってしまい、姉弟全滅……ということもしばしばでした。

この時期、当時の私の余裕のなさをよく物語る事件が起こっています。近所のお子さんを轢いてしまったのです。

まさに子どもたちが相次いで風邪をひいた日のことでした。風邪の流行期、小児科はとても混み合うため、まず診察の予約をとりに出向く必要がありました。そのために病院の予約をとった後、再び家に戻り、風邪でぐずる子どもたちを自動車に乗せ、小児科に向かったところ、道に飛び出してきた男の子と接触してしまったのです。

「あっ！」

血の気が引く思いでした。

子どもたちを小児科に連れていくより先に、まずその男の子を救急病院に連れていかなければなりませんでした。診察の結果、その男の子は入院することになりました。近所のお子さんだったこともあり、夫と二人何度もお見舞いに行きました。幸い、ケガはそれほど大きなものではなく、示談にしていただくことができました。不幸中の幸いでした。

今でも、気持ちに余裕がなく精神的にいっぱいいっぱいだった当時の心情がまざまざと蘇ります。我が子が頻繁に体調を崩すことで、母親がいかに追いつめられるものなのかを痛感した出来事でした。

実はこの頃、夫も体調が良くありませんでした。午前中の診療を終えたら、午後は昼寝をしないと、夕方からの診療に差し支えるくらい、疲れやすい体でした。いわゆる虚弱体質です。いま思い返せば、栄養や安全を考えない食生活が、体調不良を引き起こしていたように思います。

ぎりぎりの生活の中で、大家族を抱えて毎日を過ごす中、私はこう考えるようになっていました。

「健康をお金で買えないだろうか」

子どもたちが風邪をひくと、看病のために時間をとられます。病院に行けば診察料がかかります。つまり、病気によって時間もお金もよけいにかかってしまうのです。もったいないなと思いました。

もし健康を買うことができたら、家族みんな、病気知らずで過ごすことができる。そうすれば、時間もお金も無駄になることはない。家庭のコストを大幅に減らすことができるのに……。そんな想像をしていました。

でも、私が実際にやっていたことは真逆のことでした。

人は口にした食べ物を消化・吸収したあと、栄養分として全身に届け、細胞内でエネルギーに換えています。また、人の体は約60兆個の細胞でできていて、ほんの少しずつですが、毎日入れ替わっています。それが「細胞の新陳代謝という仕組み」で、日々、バランスの良い栄養を摂取することで、新陳代謝が活発になり、風邪をひきにくい丈夫な体がつくられるわけです。

それなのに、当時の私は、ただ安い食品を買い回ることで精一杯。体に良い悪いを考えず、安く買ったものを家族に食べさせていたのです。

壮絶な夫婦げんかを繰り返す日々

家事と育児でてんてこまいになりながらも、私は夫の整骨院の受付を担当していました。

朝、子どもたちを幼稚園に送っていったあと、整骨院の受付に立ち、お昼の休憩中に洗濯や買い物をし、幼稚園から帰ってくる子どもたちを迎え、夕方になると再び受付に立つ毎日。めまぐるしく時間が過ぎる中、2階にいる子どもたちを気にしながらの受付の仕事は、正直、まったく身が入りませんでした。
かといって、受付のスタッフを雇う余裕はありません。整骨院にやってくる患者さんの対応、カルテの整理、さまざまな事務の仕事……。やりたい、やりたくないではなく、やらざるを得ない状況の中で黙々と業務をこなしていました。

私たち夫婦は同級生のため、言いたいことは遠慮せず言い合い、それでも気持ちがおさまらないときには、蹴り合ったり、取っ組み合ったりしてきました。いまの時代、このような話をすると「それってDVだよね」と眉をひそめる方も多いのですが、私も対等に打って出ますので、被害者意識のようなものはありません。そうして激しくやりあった翌日は、お互い何事もなかったかのように朝食の席につく……、そうした後腐れのないけんかをこまめにすることが、私たち夫婦の流儀と言えるのかもしれません。

整骨院開業後の忙しさと育児とで、夫婦ともにストレスMAX状態にあった時期のけんかはこんなふうでした。

1階の整骨院での仕事を終えた夫が、2階の自宅へと帰ってくる ⬇ 食卓に夕飯が並んでいないのを見て、「ご飯は?」と不満げに聞き、「まだですよ」と私が答える ⬇ 夫、カッとなり、「何考えてんねん! こっちは一日働いてきてお腹ペコペコやのに、できてないってどういうことやねん!」と大声で怒鳴る ⬇ 夫、さらに部屋を見回し、「なんでこんなに散らかっとんねん。ちゃんと片付けとけや!」とわめく ⬇ 自分だけが疲れていて、私は家で遊んでいたかのような夫の言葉に、私の中の夫への不満・日々のストレスがマグマのごとく噴出、「何言ってんの! 私はあなたの飯炊き女でも、掃除係でもないわ!」と作りかけの料理を次々にゴミ箱に放り込む。

子どものオムツ替えは一切せず、お風呂に入れるのも私に任せきりの夫。整骨院の仕事を抜けて、夕食前に一人で3人の乳児・幼児をお風呂に入れる私としては、その大変さも知らずに、「夕食ができていない、部屋が片付いていない」と怒鳴る夫は、憎い敵以外の何ものでもありませんでした。

その後もしばらく、忙しい日々が続き、夫は、家では、けんかどころか、会話もしなくなりました。夫が口にするのは「風呂」「飯」「茶」のみ。夫としては、業務上の守秘義務を遵守するべく、自宅のある2階に上がってくると同時に、意識的に口をつぐむようにしていた部分もあったようですが、家事や育児を手伝うでもなくただいるだけの存在というのは、ストレス源でしかありませんでした。

そうした夫に対する不満が募り口げんかになると、子どもたちをつれて何度か家出もしました。

「実家の両親を巻き込みたくない」との思いから、そして、気持ちを鎮める意味もあって、家出する際は、近所のお寺に身を寄せるようにしていました。それを知らない夫は、私たちが家出すると、真っ先に私の実家まで車を走らせ、外から私の車が駐まっていないかうかがっていたとのこと。まるでいたずらがバレたらどうしようとオロオロする子どもみたいですよね。

お互いカッとした状態で離婚届に署名、捺印までしたこともありました。その瞬間「これでさっぱり縁が切れる。せいせいするわ」とほっとしたことを覚えています。しかし、当時、13歳だった三男が間に入り、離婚届をビリビリと破り捨て、「何してんねんっ!」と私たちを一喝したため、離婚には至りませんでした。離婚届を破り捨てられた瞬間、「何するのよっ!」と夫とともに立ち上がったものの、子どもの真剣な眼差しに、すぐに4人の子を持つ親として軽率な行動であったと深く反省しました。

子どもたちの気持ちも考えず、けんかばかりしている未熟な親であり、夫婦だったと思います。

このまま人生を終わらせたくない

「家族を食わせているのは俺だ」

夫の発する言葉の中で、私が一番腹立たしく感じていた言葉です。その言葉に終始イラッとしつつも、私は、整骨院の受付の仕事に真摯に取り組み、笑顔で患者さんの話し相手を務めていました。

「おはようございます」「今日はお天気がいいですね」「腰の調子はいかがですか?」「お大事に」。一人ひとりの患者さんに寄り添い、会話する仕事は、それなりに楽しいものでした。その一方で、患者さんの反応が気になってもいました。

患者さんは、整骨院の院長である夫のアドバイスには、素直に耳を傾けてくれました。でも、私のアドバイスには、ほとんど耳を傾けてくれないのです。

その理由は、私が「受付のおばさん」に過ぎなかったからです。夫は柔道整復師や鍼灸師の技術を持っていましたが、私は何の技術も持っていません。だから患者さんは、私のアドバイスには聞く耳を持たないのでしょう。

やりがいがほしい。手ごたえのある仕事をしたい!

私は自分を高めるため、自己啓発の本を読み、各種セミナーの情報を集め始めました。新聞、テレビ、情報誌……など。でも、情報を仕入れれば仕入れるほど、どれを選べばいいのかわからなくなりました。

その次に、私は、在宅でできるビジネスにも興味を持ち始めました。保険の代理店、社会保険労務士の資格などのパンフレットを取り寄せては、私にできることは何かを考えていました。

そんなあるとき、私が大量の資料を取り寄せていることを知った夫が、私を怒鳴りつけたのです。

「これは何なんだ！　整骨院の仕事の何が不満なんだ！」。

夫には、受付をしている私が、やりがいを感じているように見えていたのです。その頃、整骨院の業績が上がり始め、暮らしぶりはだんだんと良くなっていました。夫のがむしゃらな頑張りが奏効して、50坪の土地を購入し、3階建ての家を建てられるまでになっていました。銀行退職に大反対した義父も、この頃には夫の頑張りを認めてくれるようになっていて、義父母との同居も実現していました。収入が上がって仕事も充実してきたのに、なんでほかの仕事を探す必要があるんだ！　それが夫の怒りの原因でした。

でも、私は満たされていなかったのです。確かに、整骨院にたくさん患者さんが来てくださるようになったおかげで、受付の仕事はかなり忙しくなっていました。傍から見れば充実しているように見えたかもしれません。でも、私の心の中は、ただの受付としてしか見てもらえない悔しさ、認めてもらえないむなしさでいっぱいだったのです。

「あなたは先生、先生と呼ばれているけれど、私はただの受付のおばさん。整骨院は、私の居場所ではないの！」

このまま人生を終えるなんてイヤだ！　強烈にそう思いました。

「耳ツボダイエット」との運命の出合い

転機は、整骨院の受付を始めて8年、3人目の子どもが小学校への入学を迎えたときに訪れました。

「これ、やってみないか」

そう言って、夫が、鍼灸専門誌『医道の日本』の「耳ツボで体質改善」の記事を見せてくれたことがきっかけでした。今でこそ、耳ツボと健康の関連性はよく知られていますが、30年前の当時はまだまったく認知されておらず、専門誌でのみ紹介されている程度でした。

夫が耳ツボダイエットを私に紹介したのは、私が整骨院の受付業務に物足りなさを感じていると気づいたからではありましたが、夫なりの考えもありました。

その頃、夫の整骨院は、1日に180人もの患者さんが来る繁盛院になっていました。膝や腰の痛みが1~2回で良くなる即効性が人気を呼んだのです。

あるとき、膝の痛みで来院された患者さんが、夫にこんな話をしてくれたそうです。

「先生、聞いてください。私は糖尿病を患っていて、もう10年も大病院に通っています。その病院の先生が言うには、これ以上血糖値が上がったら、インスリンを打たないといけないんだと。先生に言われるままにずっと薬を飲み続けているのに、ぜんぜん血糖値が下がらないんです」

病院で治療をしているのに、病気が良くならないのはどういうことだろう、と夫は思ったそうです。そして、改めて振り返ると、**整骨院にやって来る患者さんの3分の1が、膝や腰の痛みだけでなく、生活習慣病を抱えている**ことに気づいたのです。

専門学校時代、柔道整復師の資格とともに、鍼灸師の資格もとっていた夫は、病院での西洋医学で患者さんを治せないなら、東洋医学で救うことはできないかと考え、鍼灸関係の資料を調べていました。そのときに目に留まったのが、「耳ツボで体質改善」というセミナー情報だったのです。

さっそくセミナーを受けてみると、耳ツボを刺激するだけで食欲を抑制できたり、ストレスを抑えられたりする、ということがわかりました。夫は「これはおもしろそうだ」と思い、私に紹介してくれたのです。

受付のおばさん、脱出

夫は私に、耳ツボダイエットの資格をとり、隣町でサロンをやってみないか、と提案してくれました。

答えは「イエス」でした。もう「整骨院の受付のおばさん」ではいたくない。もっとやりがいや生きがいを持ちたい。自分の居場所は自分で築きたい。そう強く思いました。

サロンの経営などまったくやったことがない上、耳ツボダイエットという美容技術もまったく知りませんでした、でも私は、勇気を出して耳ツボダイエットの世界に飛び込むことにしたのです。

おそらく大阪で初めての「耳ツボダイエットサロン」でしたので、新聞に折込チラシの広告を出す火曜日には、いつも朝から電話が鳴り続けていました。1日に8〜10枠程度のカウンセリング予約は瞬く間に埋まりました。

肥満が原因で成人病（生活習慣病）になってしまった方には、健康を取り戻してほしい、あるいは、病気を発症してしまう方を一人でも多く減らしたいという一心で、目の前のお客様と向き合い、カウンセリングに没頭していましたので、当時はよく声を枯らしていました。

カウンセリングは、食生活の改善をテーマに、基本、週2回のペースで3ヶ月間行うのですが、問診で信頼関係をいかに築き、包み隠さず相談していただけるようになるかが、ダイエットの成否に直結しますので、お客様に寄り添った対応ができるよう心を砕いていました。

お客様は100人いれば100通りで、他の方と同じように対応していてよい方などおらず、それらの問題を「すべて解決していこう」と思っていた私は、毎夜、カルテを見返しては、当時、よく相談に乗っていただいていた方に電話して必ずアドバイスしてもらうようにしていました。

この頃たくさんのお客様をカウンセリングして作成したカルテは、今では、私の宝物で、成果が思うように出ないと悩むサロン経営者から相談を受けたときなどに、拠り所とさせてもらっています。

子育て中の主婦でしたので、毎日超多忙にはなりましたが、もともと初めてのことに挑戦するのが好きでしたので、まったく苦ではありませんでした。「もっとお客様のためになれるように、勉強しなきゃ」といつも思っていましたので、お客様がゴルフが趣味だと聞けば、ゴルフを始めてみたり、比較的時間に余裕のあった水曜日、土曜日には、お茶会やセミナー、クリスマス会や新年会などを開くようにしていました。

人と関わることで視野が広がる

耳ツボダイエットのサロンを始めてから、私はたくさんのことを学びました。人間関係、お客様とのコミュニケーションのとり方、子育てのこと……。ただの主婦だった私が、社会に出てさまざまな人と関わることで、それまで知らなかった多くのことを知ることができたのです。

耳ツボダイエットの仕事を始めてからは、同世代だけでなく、年上の方々のお話もたくさん聞くようになり、自然と世代ごとの健康問題に興味を持つようになりました。整骨院の受付をしていたとき、50代や60代の方々から「更年期の症状がつらい」という声を耳にし、「大変なんだな……」とは思ったものの、所詮、他人事で聞き流していたように思います。ですがサロンのカウンセリングで、お客様のお悩みを聞くようになり、その年齢にならないとわからない辛さや痛み、焦りや願いを理解できるようになりたい、そうして私にできるサポートをしたい、と切実に思うようになりました。

また、人の心理にも興味を持つようになりました。カウンセリングでお客様に安心して悩みを打ち明けていただけるよう、心理学を学ぶ必要があると思いました。

私が学んだ心理学は、個性心理学です。中国の算命学がベースとなっている統計学で、考え方や行動の傾向、タイプなどがわかります。相手の心を読むためではなく、良好な人間関係を結ぶ一助になればと思い学びました。

ですが、私が本当の意味で「お金なし、スキルなし、人脈なし」から脱出することができたのは、耳ツボダイエットをきっかけに、「健康」に目を向けた仕事を広げていったことにあります。

その仕事とは、フォーエバーリビングプロダクツ ジャパン（以下、フォーエバー）の健康食品ビジネスです。私たち夫婦は30年ほど前から、整骨院や耳ツボダイエットサロンと併せて、健康的に痩せ、ダイエット成功後も自己管理していけるよう、健康食品を販売してきました。

なぜこのビジネスを始めたのか、その経緯をご説明します。

商品と、それらを扱う人に惹かれて

患者さんの生活習慣病を改善するものとして耳ツボダイエットに関心を持った夫は、併せて健康食品を取り入れる必要性を感じていました。単に食べる量を減らすダイエットではなく、**健康的に痩せるダイエットを実現するため**です。

そんなときに知ったのが、フォーエバーの健康食品でした。

ダイエットでは、体の脂肪を燃焼させる必要があります。ビタミンやアミノ酸をバランス良く摂ることで、脂肪は燃焼されます。ですから、耳ツボを刺激して食べるのを我慢できたとしても、こうした栄養素をしっかり摂らない限り脂肪は燃焼されず、「食べていないのに痩せない体」になってしまうのです。

でも、栄養を摂りながらのダイエットなら、効果的に痩せられるし、健康を害することもない。そのためには、**食事だけでは補えない栄養を健康商品で補う必要がある**。夫はそう考えたのです。

しかし、商品がどんなものかわからないのに、患者さんに使ってもらうわけにはいきません。夫はフォーエバーの健康食品について学ぶため、まず講習会に参加しました。ですが、そこでまず感動したのは、そこに集う人のあたたかさだったそうです。

「小林さん、このサプリメントは、こんなときに使うといいよ」「こうやって飲むといいんだよ」など、縁もゆかりもない夫に、親切に教えてくれたそうです。そこには、「他の人のために」という優しさがあふれていました。

商品の確かさはもちろん、それらの商品を扱う人のすばらしさが決め手となり、私たちはフォーエバーの健康食品を扱ってみることにしたのです。

健康食品、いわゆるサプリメントは、何を選ぶかがポイントです。最近できたばかりのサプリメントより、何千年の時間を経て、安全で効果があると確かめられたものの方が、自分も子どもたちも安心して摂取することができます。

例えば、フォーエバーが取り扱っているミツバチ商品は、4千年の歴史がある100％自然由来の商品です。化学的なものをまったく使っていないので、安心して口に入れることができます。

私の場合、25歳で第一子（長女）を出産、その後、27歳、29歳で、第二子（長男）、第三子（次男）を出産。その子育てに追われていた最中の35歳で耳ツボダイエットサロンを開業し健康食品を扱い始めたわけですが、その翌年、36歳で第四子（三男）を出産しました。これは、健康食品の販売に本格的に取り組み始めた頃、夫が「もう1人、子どもがほしい」と言い出したからです。

フォーエバーには、農薬や化学肥料をいっさい使わずに育てたアロエベラのジュースがあります。アロエの持つ力を最大限に引き出した健康食品で、これを日常的に飲んでいると、栄養バランスや体調が整っていきます。私も夫も、アロエベラジュースを日々愛飲するようになり、どこに行くにもジュースを持参しては飲んでいました。かつては虚弱体質だった夫も、このジュースによって、栄養バランスが整い、飲み始めて間もなく健康を取り戻しました。

「アロエベラジュースを飲んでいる夫婦から生まれた子どもは、きっと健康優良児に違いない」。そのことを、夫は実体験したかったのでしょう。

夫の真剣さに根負けし、4人目を妊娠。100％自然由来のため、妊娠中も健康食品を愛用しました。そうして生まれてきた三男は、本当に健康で手のかからない子でした。赤ちゃんが生まれると、夜泣きやぐずりで親は大変な思いをします。すぐ熱を出したり、お腹を壊したりと、片時も目を離せないのが普通です。でも三男は、生まれたときから落ち着いていて、病気らしい病気もせず、いつも健やかでツヤツヤしていました。親を困らせるようなことはほとんどありませんでした。

アロエの力で健康に生まれてきたアロエベビー。それが三男でした。

上の3人の子どもたちも、あんなに風邪をひいていたのに、風邪をひいたとしても、その日の夕方には回復するくらい丈夫になりました。虚弱体質で花粉症の夫も、体調不良に悩まされることがなくなりました。

子どもや夫だけでなく、義母も変わりました。調子の良い日がないくらい、いつも不調を訴えていた生活習慣病の卸問屋のような人でしたので、フォーエバーの健康食品を勧めました。義母はすぐに愛用してくれましたが、義父は素直に聞き入れてはくれませんでした。夫が「健康食品を摂ってて倒れたんなら面倒をみるけど、摂らずに倒れても知らんで！」などと言っていたところ、先に健康食品を摂り始めた整骨院の患者さんが、次々に健康になっていく様子を見て、「わしも飲んでみるわ」と試してくれ、以来、愛飲するようになりました。

ちなみに私は、フォーエバーの健康食品を摂り始めてから30年間、ほとんど風邪をひいたことがありません。また、還暦を過ぎていますが、ファンデーションを塗らずスッピンで外出できています。同じ年齢の女性と比べても、肌のツヤやハリが違うと感じています。

健康を広めることで権利収入を得る

フォーエバーでは、自分たちが利用している健康食品をまわりの人に紹介し、紹介相手が商品を気に入って買ってくれたとき、紹介のお礼として報酬を受け取ることができます。そんなふうに商品を買ってくれた人がまた別の人に商品を紹介し、商品を買ってもらえると、その分の報酬もいただけるという、コミュニケーションビジネスです。

口コミで商品のファンを増やし、グループをつくっていくことで、報酬のランクが上がり、年間ボーナスがもらえるというシステムが組まれています。

グループでは、セミナーや講習会を開き、健康への思いを縁ある方々にお伝えしています。そのお話に共感してくださった方が、新たなグループメンバーとなり、私たちといっしょにセミナーや講習会を開いていくことで、グループは大きく成長していきます。

通常は、自分が商品を売った分だけ報酬を受け取りますが、フォーエバーが行っているコミュニケーションビジネスでは、自分の仲間が商品を売ってくれた分についても、報酬を受け取ることができます。これが権利収入なのです。

コミュニケーションビジネスと、「良質な健康食品」との相性は抜群です。特にフォーエバーの商品は、**年齢に関係なく赤ちゃんからお年寄りまで使用できる商品**のため、ユーザー対象がとても広く、その上、消耗品ですので、いったん良さを実感できれば、皆さん継続的に購入してくださるからです。**少ないお金で始められ、収益性が高い商品**である点も魅力です。

コミュニケーションビジネスは、よく「ネズミ講」と混同されます。ネズミ講は、商品がないのに、会員を勧誘し、その勧誘報酬を受け取ることで権利収入を増やす仕組みで、人口に限りがある限り、破たんが確定している違法なビジネスです。

でも、フォーエバーの健康食品ビジネスは、商品という物があり、それが売れることで報酬が増えていきます。商品を介さずに破たんが確定しているビジネスに勧誘する「ネズミ講」とは、そこがまったく違うところです。

人は「口に入れたもの」でできている

かつて私は、家族の体調不良に翻弄され、「健康をお金で買えたらいいのに」と夢想していました。この30年、フォーエバーの健康食品を摂り、栄養管理を徹底したことで、こんなにも健康になり、人生が楽しくなるのだということを実感しています。まさにかつての夢が現実となった感があります。

食べ物があふれ、何でも手に入る豊かな日本。ところが、日本人の多くが〝栄養不足〟に陥っています。脂質、炭水化物は足りているのですが、ビタミン、ミネラル、アミノ酸などは、国の基準値を下回っています。

食糧は豊富なのに、なぜ栄養が足りなくなってしまうのでしょうか。その一つの答えが、食べ物の持つ栄養パワーの低下です。

国の栄養調査によると、私たちが口にする食材からは、栄養素がどんどん失われています。例えばほうれん草。現在市場に出回っているほうれん草は、50年前のものと比べて、鉄分が3分の1にまで減っているそうです。ニンジンやキャベツも、ビタミンCが半分から3分の1にまで低下しているというデータがあります。（科学技術庁、文部科学省　日本食品標準成分表）

原因として考えられるのは、化学肥料や農薬をたくさん使った農業です。無農薬野菜や有機野菜が出回るようになりましたが、まだ高価で、手に入りにくいです。多くの農産物は、化学肥料や農薬を使わなければ大量生産できないというのが、日本の大きな課題です。

食事だけでは、必要な栄養を摂取できない。これが現状です。ですから、足りない栄養をサプリメントで補い、健康を保つ必要があります。

整骨院の患者さんや、耳ツボダイエットのお客様に接すれば接するほど、私はサプリメントの重要性を痛感しました。そして、改めて家族のことを振り返りました。

スーパーのチラシを握りしめ、「1円でも安いものを」と走り回っていた主婦時代。私は、栄養よりも価格を優先して食べ物を買っていました。その結果、子どもたちは風邪ばかりひき、夫は体調不良が続いていました。

一家の台所を預かる人が、どんな食材を買ってくるのか、それが家族の健康を左右することに、改めて気づかされたのです。

「私の人生こんなもの」という思考が可能性にフタをする

私が女性として本当の意味で輝けるようになった大きなきっかけは、自分自身でビジネスを始めてみたことだと言えるでしょう。

実は、その当時の私には、乗り越えなければならない壁がありました。その壁とは、**「自分で自分を止めているブレーキを外すこと」**でした。

多くの女性が、自分の人生を生きていくことに、どこか遠慮しているように感じるのは私だけでしょうか。女性だから、妻だから、母だから、私の人生はこんなもの……という思いが、どこかにあるのではないでしょうか。

というのも、かつての私もそうだったからです。自営業者の妻としての心構えを学びたくて、「倫理の会」という勉強会に子ども連れで通っていたことがあり、そこでは、夫が頑張れるよう、「妻は2歩も3歩も下がって夫を立てる」ということを教えられました。当時の私は素直にその考えを受け入れていました。

だからと言って女性は、陰の存在なんかではありません。

もっと表に出て、もっと活躍していい。周囲を明るく照らす、キラキラした存在になっていいのです。

はっきり言います。

あなたの人生は、そんなものではありません。**自分を成長させ、自己改革することで、可能性は無限に広がっていきます。まだまだできるし、もっともっと幸せになれるのです。**

次の章では、私がどのように自分のブレーキを外し、自分磨きをしていったのか、その軌跡をお伝えします。

第3章

最初の一歩を踏み出すために

あなたが変わると

まわりも変わる

人前で話すなんてとんでもない！

私は、健康に関わる仕事を始めたことで、健康と権利収入を手に入れました。ですが、**私の人生を本当に輝かせてくれたのは、それらの仕事を通して得ることができた、人間的な成長です。**

私は第1章で「なりたい自分になるのに、人脈もスキルも経験もなくても大丈夫」とお伝えしました。その理由は「人としての成長」こそが、権利収入の源となるからです。

私が人間的に成長できた理由。それは、特別な才能があったわけでも、優秀だったからでもありません。成長に向かって一歩を踏み出せる「環境」があったからです。

健康食品を取り入れ、家族全員が健康へと生まれ変わった経験を基に、私たちは、健康の大切さ、健康を維持するための食生活のあり方を、まわりの人に伝えていきました。

1人、また1人と、私たちの話に共感してくださり、ビジネスの仲間入りをしてくださるパートナーが増えていきました。

5年ほど経った頃、私にまたしても転機が訪れました。研修プログラムの一環で、私の体験談を大勢の前で講演する機会をいただいたのです。

私はそれまで、誰かの前に立って話すという経験がまったくありませんでした。それなのに、研修にやってくる1千人近い参加者の前で話せというのです。プレッシャー以外の何ものでもありませんでした。

「どうすればいいんだろう……」

とても悩みました。何を話せばいいのかもわからないし、ドキドキをどうやったら抑えられるかもわからない。口下手ないまの自分では、とても1千人もの人の前で話すことはできないと思いました。


「学ぼう」

私はそう決心しました。

そして、夫にどんな学びがいいのかを聞くようになりました。

それまでの私は、夫がどんなに「この本いいよ」「あのセミナーに参加してみたら?」と勧めてくれても、「子育てと仕事で手一杯なのに、どこにそんな時間があるの?」と反発していました。それが一転、学びに興味を持ったのは、「いつまでも夫に頼ってばかりではいられない」と思ったからです。

自分の居場所を見つけるために始めた耳ツボダイエットサロン、健康の大切さを痛感することで始めたフォーエバーのビジネス。どちらも夫の勧めやサポートがあって続けることができました。でも、サロンの経営者となり、セラピストを育てる中で、社会の一員としての責任も感じるようになっていたのです。

小さな達成で自信を育てる

自己啓発のセミナーに積極的に参加し、学びを深めると同時に、私は「人前で話す力」をつけるために、さまざまなことにチャレンジしていきました。

例えば、セミナー講師のお話を聞くときには、話の内容はもちろん、話の組み立て方、話し方、音響の使い方などを詳しくメモしました。そして、仲間と開催していた小規模なセミナーで、講師のやっていたことをそのまま真似しました。

また、初対面の方の前でも動じず話せるよう、公共の乗り物に乗ったときは、初対面の方に必ず話しかけるようにしました。新幹線や飛行機で移動するときは、隣の席の人に話しかけました。「どこから来られたんですか？」という世間話から始まり、相手のお仕事のこと、どんなことをしている人かなど、とにかく「聞くこと」に集中しました。

そして、仲良くなったら、必ず名刺をいただいていました。私の名刺を渡すのではなく、お相手の名刺をいただくのです。もらった名刺を何かに使うのが目的ではありませんでした。「名刺は渡すものではなく、もらうもの」という、何かの研修で学んだことを、ただ素直に実践するのが目的でした。

だから、名刺をいただけたら目標達成です。名刺を手にしたときの「できた！」という達成感に、私は喜びを感じるようになりました。そして、またやってみよう、と思うようになりました。

この「小さな達成」こそが、私のごくわずかだった自信をすくすくと育てて

くれたのです。人に話しかけることへの怖れ、緊張、ドキドキなども、次第に薄れていきました。

出先で初対面の方に話しかける練習を繰り返すうち、私のトークはどんどん磨かれていきました。ある日、タクシーに乗ったとき、いつものように運転手さんに話しかけました。

「運転手さん、お元気そうですね」

そう言うと、運転手さんはこう答えたのです。

「何を言っているんですか奥さん！　私はこの仕事が向いてないいんじゃないかと思うくらい、体がしんどいんですよ」

運転手さんは、自分の健康状態に不安を抱いていたのです。私は、自分が健康について勉強していること、体に良いものを摂っていることなどを運転手さんに話しました。移動の間中、その話で盛り上がったのです。

私は、健康食品を運転手さんに売り込むために、そんな話をしたわけではありません。会話によって、相手がどう反応するのかを見たかったのです。

「こう言うと、相手はこう返すんだ」。言葉のかけ方一つで、相手の反応は変わる。そんなことがわかってきたのです。これは、私にとって大きな学びでした。

うまく話せなくても、気持ちは伝わる

研修当日。私の講演デビューの日がやってきました。

実はこの日、三男の入学式でした。でも、講演を引き受けた後にわかったことだったので、断るわけにもいきません。私は義母に、自分の代理で入学式に行ってほしいと頼み、研修会場に向かいました。義母は喜々として入学式に出席しましたが、私の心の中は複雑でした。

生まれて初めて立った、講演の壇上。あのとき、何を話したのか、実はほとんど覚えていません。でも、1つだけ覚えていることがあります。話の中で、私は「今日は三男の入学式で、本当はそちらに行きたかった」とポロッと本音を漏らしたのです。

それを口にした瞬間、私の目から涙がこぼれ落ちました。泣くつもりはなかったのですが、感情があふれてきたのだと思います。その様子を見て、何人かの女性がハンカチで目を押さえていました。

私には「うまく話せた」という実感はありませんでした。きっとたどたどしかったと思います。ですが、子育て中のお母さんに、女性として輝けることを知ってほしい、可能性は無限にあることをわかってほしい、という気持ちを込めてお話しました。涙した人がいたということは、少なくともそうした気持ちだけは伝わったのではないかな、と思います。

こうして私は、1千人の前で話すという、人生初の大事を成し遂げることができました。いまでは、目の前に何人いらっしゃろうとも、しゃべり出したら止まらないほど話すのが好きになりました。講演に呼んでいただける機会も増え、参加者のお顔を見て臨機応変に話す内容を決める術も身につきました。

口下手だった私が、大勢の人の前で話せるようになった。これは大きな自己成長でした。それを**実現できたのは、「研修の場で、1千人の前で話す」という**

環境があったからです。もし、その環境が用意されていなかったら、私は一生、人前で話すことなく、口下手な主婦のままだったと思います。

チャレンジ。考え方改革

私の成長は、「人前で話せるようになった」ことだけにとどまりませんでした。最も成長したのは、私自身の「考え方」です。思考が変わっていったことで、現実がどんどん良い方向へと向かっていきました。

3人の子育てをしつつ、耳ツボダイエットサロンと健康食品の販売に取り組み始めた翌年に、アロエベビーの三男を出産。4人の子の母となりました。子育ての日々は、毎日が戦争状態です。朝起きてから寝るまで、とにかくあくせく動き回ります。ビジネス研修に参加して学びたくても、その時間がないという状態でした。

どうすればいいのか……。

その悩みを解決するために用いたのが、**「物事に優先順位をつける」という考え方**でした。

やらなければならないことがたくさんあると、その量に圧倒され、あたふたしているうちに時間が過ぎてしまいます。その結果、自分が重要だと思っていたことに手をつけられず、一日一日終わっていってしまいます。

でも、自分にとって大事なことから優先順位をつけていくと、いま何をやるべきなのかが見えてきます。それによって、あれもやらなきゃ、これもやらなきゃという焦りや不安が解消されます。

子育てを優先順位の1番に。仕事は2番、夫は3番というふうに、ほかのものにも順位をつけます。

とてもシンプルですが、これによって頭の中が整理され、前向きになれます。「これでいいんだ」という自信も育まれます。

ただし、「子育てと仕事、どっちを優先すればいいでしょうか」と、子育てママから相談を受けたときは、こうお伝えしています。

「子育てはやり直しができない。迷ったら、子育てを優先してほしい」と。

子育ては、たった一度きりです。うまくいかなかったからといって、「ねえ、もう一回、赤ちゃんに戻ってくれる?」と子どもに言うわけにはいきません。過ぎ去った日々はもう二度と戻らないのです。

ビジネスリーダーの時間管理術に、横軸に「緊急度」を、縦軸に「重要度」を取り、タスクの優先順位を4つの領域で捉える「時間管理のマトリックス」と呼ばれる考え方があります。第二領域（緊急ではないが重要なこと）に当てはまるタスクを計画的に実行していくことで、充実した仕事ができる……と説くものですが、仕事を持つ子育てママには、「子育てに関しては、常に第一領域（緊急かつ重要なこと）と考えればいいんですよ」とお伝えしています。

わかりやすい指標を伝えることで、多忙の渦中にある子育てママが迷いなく前を向けるようになるからです。

その一方で、こんなアドバイスもよくしています。

子育ては、量ではなく、質なんですよ、と。

母親は、ついつい「24時間いっしょにいることが、良い子を育てる」という思考に陥ります。でも、時間をかければ良い子が育つかというと、そうとは限りません。大切なのは「密度」なのです。

たった10分でいいから、お子さんと目線を合わせ、話をちゃんと聞く。これだけで、子どもと濃密なコミュニケーションをとることができます。忙しい中で良質な子育てをするには、かけた時間ではなく、濃さに着目することが重要なのです。

思ったことが現実化する

人生は、考え方によって変わります。すべては考え方次第、と言っても言い過ぎではないと思います。

以前、そのことを痛感する出来事がありました。

アロエベビーの三男が生まれたときのことです。この頃、思春期を迎えた長男が心配で、「母親の私がしっかりついていてあげなきゃダメなんじゃないか」と思っていました。

でも、三男にお乳をあげているときは、どうしても長男の面倒を見ることができません。母親として十分な子育てができていない、長男に寂しい思いをさせている。そんな考えにさいなまれていたのです。

その考えは、現実のものになりました。長男は、反抗期のまま家を出て、家族と距離を置くようになったのです。

もしもあのとき、母親の私が「大丈夫。心配ない」というどっしりした考え方で、前向きな姿勢で子どもたちと接していたら、長男に寂しい思いをさせなくてすんだかもしれません。自分の思考が、現実を引き寄せてしまったのだと後悔しています。

できない、無理だ、ダメだ、どうせ自分なんか……。こうした思考を持っていると、それが本当になります。**能力がないからできないのではなく、「できない」と考えているから、できない現実を引き寄せる**のです。

思考の力を知ってからというもの、私は子どもたちに、決して「できない」

という言葉を使いませんでした。忙しさのあまり、子どもたちに時間をかけてあげられませんでしたが、それでもいい子に育ってくれたのは、「できない」ではなく、**「できる」を言い続けたから**だと思います。

母親の考え方ひとつで、子どもは大きく変わる。そのことを、私は身をもって知りました。

院長が変わればスタッフが変わる

フォーエバーの仕事を通してたくさんの学びや成長を得ていく中、私だけではなく、夫も変わっていきました。

フォーエバーのビジネスを始める前、夫の整骨院には、ある深刻な問題が持ち上がっていました。スタッフの離職です。

患者さんが順調に増え、経営が上向くと、夫は1人、また1人とスタッフを増やしていきました。自分一人で患者さんをみることができないくらい、忙しくなってきたのです。でも、雇用したスタッフは、採用したそばから辞めていきました。最初は「いっしょに整骨院を大きくしたい！ たくさんの患者さんを助けたい！」と意気込んでいるのですが、間もなく「辞めます」といって院を去ってしまうのです。

なぜ、すぐに辞めてしまうのか。その背景には、業界特有の徒弟制度が関係していました。

当時の鍼灸・整骨院業界は、超がつくほどの体育会系でした。師匠が言うことは絶対。新人はヘトヘトになるまで働いているのに、師匠や先輩からは、未熟さを責められ、批判され、怒鳴りつけられる。それが当たり前の世界でした。夫は、そんな業界のあり方がイヤでしたが、いつの間にか、身に染み付いていたのだと思います。

採用しても採用しても、人が去っていく……。でも、どうすればいいのかわからない。そんなとき、夫はフォーエバーと出合いました。

夫は最初、フォーエバーの皆さんが自分をあたたかく迎え、承認の姿勢で包み込んでくれたことに心底驚いたそうです。長年、人に厳しく接するのが当たり前の環境で生きてきた夫にとっては、とても新鮮な体験だったのでしょう。

さらに驚いたのが、利他の精神を本気で突き詰めている点でした。ビジネスの世界では、自分が成功することを考えている人がほとんどです。自分が得をすればいい、という考えのビジネスパーソンもたくさんいます。でも、フォーエバーの皆さんは、夫に「あなたの成功が、私の成功です」と言ってくれたのです。

こんな接し方をしてもらううち、スタッフに対する夫の接し方が、どんどん変化していきました。怒鳴ったり批判したりするのではなく、存在を認め、承認し、良いところをほめて伸ばすようになりました。スタッフの体調が悪いときは、体を気遣い、早めに帰すなど、それまでにはない行動をとるようになったのです。

あるとき、仕事が終わり、夫が帰宅しようとしたとき、整骨院の電気がパチッと消えました。「何ごとだ?」とびっくりしていると、次の瞬間、「ハッピーバースデー　トゥーユー」という歌声とともに、火の灯ったローソクが立てられた誕生日ケーキがスタッフたちによって運ばれてきました。その日は、夫の誕生日でした。スタッフたちはそれを覚えていて、祝ってくれたのです。

「この年になって誕生日を祝ってもらえるとは思わなかった。めちゃくちゃうれしい！」

夫はそう言っていました。

なぜ、離職が続いていた現場がこんなふうに変わったのか。それは、人を道具のように使っていた夫が、人を大切にする院長へと変わっていったからです。

この頃から、人が辞めなくなり、スタッフが順調に増えるようになりました。

人の幸せが私の幸せ

結婚し、極貧の新婚生活の中で子育てをし、ときに夫とぶつかりながら、自分の居場所、自分の人生を探してきた私。その経験を活かし、女性が輝くお手伝いをすることが、私の使命だと思っています。

私のもとには、悩みを抱えた女性がたくさん来られます。

「娘と相性が悪いんです……」。ある女性が、私たち夫婦にこんな相談をしてくれました。イライラすると、つい娘に当たってしまい、関係がぎくしゃくしてしまう、とのことでした。

女性には2人の娘さんがいて、傍目には十分素直な良い子に育っているのに、女性は親子関係に悩んでいました。

「愛してるよって、娘さんに言ってあげてください」

夫がそうアドバイスすると、女性はこう言いました。

「愛してるなんて、いままで言ったことがありません」

女性は、自分が思ったことを口にするのが苦手なようでした。娘だから言わなくてもわかってくれている、と思ったのか、自分が娘を気にかけていることを言えないでいました。

私は、女性と娘さんたちのタイプを、個性心理学によって診断しました。その結果、娘さんたちはこの女性にとって、とても育てやすい、相性の良いお子さんだということがわかりました。

私は女性に、こうお伝えしました。

「あなたがお母さんだったから、娘さんたちが素直に育ったんだと思います。もし別のお母さんだったら、彼女たちはどうなっていたか……。自信を持ってください」

女性はハッとしたようで「そうなんですか！　じゃあ、私はいい子を生んだんですね！」と言いました。

女性の悩みの根源は、娘さんたちとの相性にあるのではなく、**自分の自信のなさにあった**のです。自信がないから、イライラして娘さんたちに当たってしまい、それによってさらに自信を失う、という負のスパイラルに落ち込んでいました。

おそらく、仲の良い母娘を見て、自分と比べてしまったのでしょう。娘とギクシャクしている自分を「ダメな母親だ」と責めてしまったのです。

でも、「良い子を生んだんだ！」という母としての自信を取り戻すことで、「これでいい」と自分を認めてあげることができました。人と比べることをやめて、いまある自分の幸せに目を向けることで、自己承認できたのです。

こんなふうに、悩んでいる女性が元気になり、輝きを取り戻していく様子を見るのが、私の何よりの幸せです。やりがいであり、生きがいなのです。

私はいま、「健康のことを仕事にするなら、女性が一番適している」と思っています。いまの時代、男性と女性を区別するのは、時代錯誤かもしれませんが、食や体のことに敏感に反応し、気遣うことができるのは、やはり女性だと。

だからこそ、「女性が輝かねば!」と思っています。権利収入を得て豊かになりながら、健康の大切さを広め、その楽しさをほかの多くの人に伝えていくことができたら、もっと幸せになれる人が増えます。もっと健康になれる人が増えます。

日本の医療費はもう限界にきています。病気の人がこれ以上増えれば、間違いなく日本の医療は破たんします。それを防ぐことができるのが、私たち女性です。

女性が変われば、世の中が変わる。社会が良くなる。そう確信しています。

第4章

Step 1
やりがいを見いだす

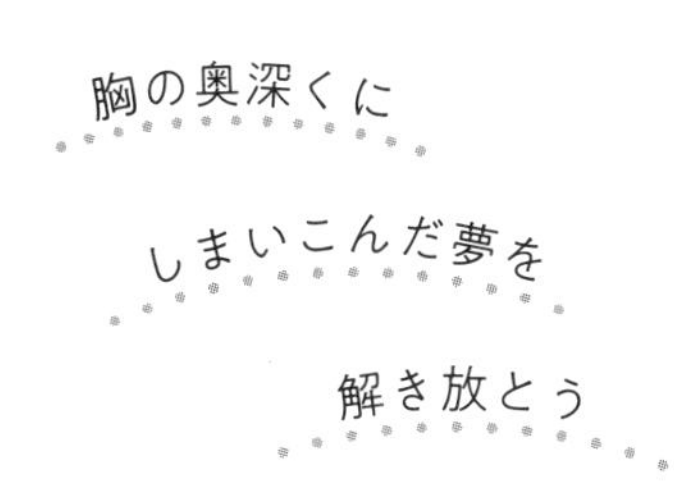

ワクワクしながら自分の可能性を開く

女性はもっと輝ける。自分の人生を生きることで幸せになれる。

私は自分の人生になぞらえながら、このことをお伝えしてきました。

でも、多くの方は「それはわかったけれど、具体的に何をすれば輝けるの？」と思っているのではないでしょうか。

人の人生は、千差万別です。私が歩いてきた人生を、そのままそっくり真似すれば輝くことができますよ、というわけにはいきません。あなたの人生はあなただけのものであり、ほかの誰かがつくることもできなければ、交代することもできません。自分の人生は、自分で見いだしていくしかないのです。

そういうと、すごくハードルが上がりますよね。でも大丈夫です。これからご紹介するメソッドは、自分らしい人生を見いだすのに、きっとお役に立つと思います。実際に私がやってみて、自分の成長に役に立ったことばかりです。子育てママでも、シングルでも、若くても、年齢を重ねていても、どなたでも、お金をかけずに取り組めます。

これまで受講したさまざまな研修やセミナー、本、すでに成功している先輩女性から学んだことも含まれています。多くの人がやってみてうまくいったことは、効果が実証されていることだと言えます。それをそのまま活用したほうがずっと効率的。忙しい女性にはぴったりです。

一つだけ、お願いがあります。**ぜひ、楽しみながらやってください。**「やらなければならない」という義務感を抱くと、しんどさが前面に出てしまいます。これまでたくさんしんどい思いをしてきたのですから、もう十分です。ここからは、めいっぱい楽しんでください。

その1「なりたい自分」を受け入れる

あなたは、どんな自分になりたいですか？

なりたい自分になる第一歩は、「なりたい自分を明確にイメージすること」です。

山を登るのに、ゴールを決めないで登る人はいません。山の頂に立ち、眼下に広がる絶景を見下ろしている姿をイメージしながら、頂上というゴールを目指すと思います。なりたい自分を明確にイメージするというのは、それと同じこと。こんな人になりたい、というゴールを決めるのです。

第3章で「思ったことが現実化する」というお話をしました。頭の中に思い浮かべていることは、良いことも悪いことも現実になります。できると思えばできるという現実を引き寄せますし、できないと思えばできないという現実を引き寄せます。

なぜ、思考は現実を引き寄せるのか。それは、人は思っていることに向かって行動するからです。つまり、ゴールに向かって動くのが行動原理なのです。だから、たどり着きたくないゴールではなく、たどり着きたいゴールを思い描くことが大切です。

思考の力には、強大なパワーがあります。そのパワーを利用するために、なりたい自分を、できるだけ明確に、できるだけ具体的にイメージしましょう。そうすれば、おのずと行動が起き、ゴールへと吸い寄せられるように現実がつくられていきます。

とはいえ、ほとんどの人が、なりたい自分について深く考えたことがないと思います。そのため、具体的にイメージしてみて、と言っても、なかなかそれが出てこないのです。

私も最初はそうでした。でも、順を追って自分自身に問いかけ、あなたの内に眠るぼんやりとした憧れを形にしていくことで、必ず「なりたい自分」が見えてきます。

ものは試し。次の2つの質問に、肩の力を抜いて素直に答えてみてください。

Q1 あなたが憧れる人、好きな人は、どんな人ですか？
身近な人、芸能人、物語に出てくる架空の人物、どんな人でもかまいません。

Q2 その人のどんなところが好きですか？
好きなところを具体的に挙げてみましょう。

これらの質問に答えられれば、あなたの答えはもうすぐそこです。

例えば、**Q1**の質問に対しては、学生時代の友人、先輩、雑誌でよく見るモデル、ドラマや小説に登場する架空の人物……などさまざまな答えが挙がることでしょう。しかし、たとえ架空の人物であっても、**Q2**で、あなたがその人物を好きな理由を挙げてみることで、あなたが「なりたい自分」がおのずと浮かび上がるものだからです。

例えば、好きな理由として、「凛とした姿勢」「何があってもくじけないところ」などと挙げていたとすれば、そういう人にあなたはなりたいのです。さらに言えば、あなたが憧れの人に見いだす資質は、実はあなたの中にすでにあるとも言えます。人は自分の中にある輝きを、憧れの人の中に見いだすものだからです。

どうぞ、あなたの中に潜む「なりたい自分」「理想のあなた」を認めてあげてください。

その2 夢をカタチにする

なりたい自分をイメージすると同時に、これからどんな生活をしていきたいか、どんな毎日を送りたいか、将来の夢を具体的に思い描きましょう。

2階建ての家に住んでいた頃、私は、次のような夢を思い描いていました。「8階のビルを建てて、下の階は整骨院、中の階は塾やスポーツジム、上の階は理美容室、そして最上階はクラブにする」

家族が暮らしていくのがやっとの時代でしたから、この夢はまさしく「絵に描いた餅」でした。他人が見たら「そんなの、できるわけないでしょ」と思ったかもしれません。でも私には、この夢を叶えたい理由がありました。

私が思い描いた8階建てのビルは、このビルがあれば、家族みんなが満たされるという「夢のビル」でした。

まず、整骨院。ここは夫が活躍する場です。通りに面した広々としたフロアで、患者さんのために、持てる技術をめいっぱい発揮する場所です。

中の階の塾は、学びの場です。ここでは幅広い世代の方がさまざまなことを学び、ジムで汗を流し、心身両面を調えることができます。

上の理美容室は、整骨院や塾・ジムで元気になった方々が、美しくカッコ良く生まれ変わる場所です

最上階をクラブにしたのは、整骨院や理美容室で健康と美を手に入れた人が、気軽に交流を楽しめる場所をつくりたいと思ったからです。まさに大人の社交場です。それに、整骨院の入るビルにクラブがあれば、夫がよそに飲みに行くのを予防できます。夜の街に繰り出せば、一晩で何万円ものお金が外にばらまかれますが、自前のクラブで飲めばその心配はありません。

ビルの階数を8階にしたのにも、意味があります。家族が8人いたからです。8人それぞれが1階ずつ所有し、手に職をつけた子どもたちは、自分のフロアでお店や事業を経営し、好きなことをやってキラキラと輝く。そんな未来を思い描いたのです。

この数年後、実際にビルを持つことができました。私がイメージしたビルと

そっくりそのままではありませんが、ビルの所有者になる、という夢は叶いました。

あなたには、どんな夢がありますか？

あるとき、子育てママの皆さんに「夢はある？」と聞くと、多くの人が「夢なんかないです」と答えました。あったとしても「マイホームを建てる」という夢。それはそれですばらしいのですが、マイホーム以上のスケールの大きい夢は出てきませんでした。

なぜ出てこないのか。それは、自分のことをいつも二の次に考えているからです。子育てママは、いつだって家族が優先です。だから、自分の夢を持つなんて贅沢だと、心のどこかで思っています。

私も専業主婦だったとき、夢なんてはかないもので「そんなこと考える時間がもったいない」くらいに思っていました。それよりも山積みになっている目の前のことを片付けるほうが先でした。

でも、たとえいまはなくとも、少し考えてみれば、誰しも夢はあるものです。

ここでは、少し立ち止まって、**「私も夢を持っていいんだ」**ということに気づき、**あなたの夢を思い描いてみてほしいのです。**

次の質問に答えながら、夢を明確にしていきましょう。

Q1　もし、あなたにお金も時間も好きなだけあったら、何をしたい？

Q2　誰のために、何のために、それをしたい？

そう、夢を考えるときのコツは、**できる、できないではなく、誰のために何のためにをしたいのかと考えること。**妄想レベルでかまいません。

5分でも10分でもいいので、思い切り翼を広げて、ワクワクしながら考えてみてください。

ちょっとひと息
COLUMN

まずは自分を認めてあげて

自分のことが嫌い、という女性は、案外多いのではないでしょうか。本当は家族に優しくしたいのに、ついガミガミ言ってしまう自分がイヤ、という話をあちこちで耳にします。

嫌いな部分は自分の短所だ、と思っているかもしれませんが、実は、それは短所ではありません。「人間味」です。

完璧な人間はいません。みんなどこかしら欠けているところがあります。でも、その何倍もいいところがあります。長所があるのです。

長所はいいところ、短所は人間らしさ。そんなふうに考えると、自分のことを認めてあげることができるのではないでしょうか。それに、人間らしいところがある人のほうが、ほっとしませんか？　長所も短所も含め、あなたはあなたでいい。それが個性、あなたらしさです。

みんな精一杯生きています。あなたもそうです。まずはそのことを承認してあげてください。あなたは十分に頑張っていますよ。

その3　潜在意識を活用する

人には、顕在意識と潜在意識があります。顕在意識は自分が自覚している考えや思いですが、潜在意識は自覚できていません。これをしよう、あそこへ行こう、と思ってとる行動は、顕在意識によるものです。でも、無意識のうちについやってしまった、という行動は、潜在意識が関わっています。

人の行動の9割は、潜在意識によるものだと言われています。自覚してとる行動はごくわずか。**私たちがとっている行動のほとんどは、潜在意識によって無意識に行われている**のです。

夢を実現するとき、多くの人が「よし！　頑張るぞ！」と気合いを入れて行動します。でも、気合いを入れなくても、無意識のうちに夢に向かって行動することができたら、ラクですよね。

潜在意識には、知らず知らずのうちに自分を動かす力があります。いわば「**自**

分の自動運転装置」。人には、このすばらしい装置が、生まれながらにして備わっているのです。

ところが、潜在意識をうまく活用している人は、ごくわずかしかいません。せっかく備わっているものを、ほとんど使っていないのです。顕在意識のほうにばかり目を向け、潜在意識を眠らせたままにしています。もったいないですよね。

潜在意識を活用することができると、いままで無理だと思っていたことが易々とできるようになります。やっていたらいつの間にか夢が叶っていた、ということが起きます。

私は、夫が独立して間もない頃、寝室の天井に、こう書いた紙を貼っていました。

「世界一有名な大社長、小林英健殿」

黄色い紙に赤い文字で書いたので、とても目立ちました。私も夫も、夜寝るときと朝起きるとき、必ずこの一文を見ました。というより、天井に貼ってあるので、否が応でも目に入るのです。

もちろん、その頃の夫は、まったく有名ではありませんでした。たくさんの事業を手がける社長でもありませんでした。「こんなふうな夫だったらいいな」という、夫に対する夢でしかなかったのです。

私がこの一文を書いたのは、潜在意識を活用するためです。毎日毎日、「世界一有名な大社長、小林英健殿」という赤い文字を見ることで、それを自分の潜在意識に刻み込んだのです。

現在の夫は、世界一有名な社長、とまではいかないかもしれませんが、鍼灸・柔整の業界では有名人です。あの当時と比べると、雲泥の差です。

そして、フォーエバーは現在、世界168ヶ国に展開しており、日本はその中でずっと売上No.1です。その日本において、私たちが2005年からずっとトップの売上を出しているので、実質「世界No.1＝世界一有名な大社長になった」と言ってもよいでしょう。

文字を見るだけで夢が叶うなら、誰も苦労しないよ、と思われるかもしれません。でも、そこが潜在意識のすごいところ。文字通りのことが起こるのです。

私はいつも、手のひらサイズの赤いノートを持ち歩いています。そこに、自分の仲間や親しい人の「こうなってほしい姿」を書き込んでいます。

「○○さんは△△を達成する！」

「息子がテストで100点。おめでとう！」

これを1つにつき30回ほど書きます。すると、書いている間、その人の顔が浮かびます。同時に「これをやったらあの人の役に立てるかな」など、相手のためにできる行動が次々と浮かんできます。そして、実際にそれをやると、本当に相手が目標を達成したり、子どもが100点をとったりします。

不思議かもしれませんが、ノートに書いたものを見ることで、そのことが私の潜在意識に入り、「あれをやってみよう。これをやってみよう」というさまざまな行動を引き起こすのだと思います。無理にやろうとしてやるのではなく、自然と体が動いたのです。


夢が叶う人と叶わない人には、ある違いがあります。叶う人は、自分の存在価値を認めている人。叶わない人は、認めていない人です。

「そんなの無理だよ……」とネガティブになるより、自分なら「絶対叶えられる！」と思える人生のほうが、楽しいのではないでしょうか。

潜在意識は、あなたを想像以上のところへと引き上げてくれます。そのパワーを、あなたの味方につけてください。

オススメ

潜在意識活用法

1. 叶えたい夢を思い浮かべる。
2. 黄色い紙を用意する。
3. 赤い文字で叶えたい夢をはっきりと書く。
4. いつも目につくところに貼る（寝室、トイレ、玄関、冷蔵庫など）。

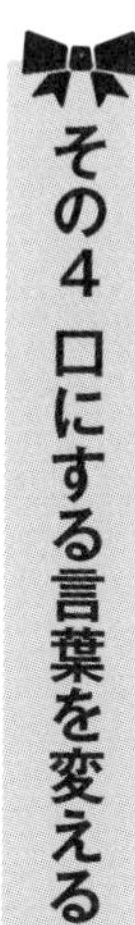

その4 口にする言葉を変える

言葉には、「**プラス言葉**」と「**マイナス言葉**」があります。

「プラス言葉」とは、ポジティブワードです。すごいね！　ステキ！　できる！　といった、人を前向きにする言葉です。

「マイナス言葉」はその反対。人の気持ちを曇らせるネガティブワードです。無理だよ……、ダメだな……、なかなかね……など、言った瞬間、シュンとしてしまうような言葉です。

言葉は、潜在意識の中に刷り込まれます。あまりにも「マイナス言葉」ばかり口にしていると、その通りの現実がやってきてしまいます。機械がプログラミング通りに動くように、人もまた、潜在意識にプログラミングされた言葉によって動きます。

私は以前、夫に「お前はネガティブやな」と言われていたことがあります。

私にはまったくそんなつもりはなかったのですが、つい口から「マイナス言葉」がもれていたようです。

本当にそうなのかな、と思い、妹と話しているとき、「ねえ、これから私が何回『マイナス言葉』を使うか、数えてみてくれる?」と頼みました。私がネガティブワードを口にしたら、妹に正の字を書いてもらうようにしたのです。すると、なんと1時間の間に、30回も「マイナス言葉」を使っていたことがわかりました。自分としては、できるだけ使わないよう意識していたのに、知らず知らずのうちに口から出ていたのです。

人は、自分が言った通りの人間になります。

その頃の私の口癖は「時間がない」でした。そして、その言葉通り、「時間のない人」になっていました。

私は現実を変えるために、言葉を変えようと思いました。時間がないと思ったら、「時間がない」ではなく「充実している」という「プラス言葉」への置き換えをしていきました。でも、日常生活を送っていると、ついつい「マイナス言葉」がこぼれ出てしまうことがあります。そんなときは、「マイナス言葉」をリセットするために、言ってしまった後に必ず「キャンセル」と口にするようにしていました。こうしたことを繰り返すうち、私はネガティブ人間からポジティブ人間へと変わることができたのです。

「プラス言葉」は、どんな薬よりも強い効果を発揮することがあります。

ある難病に悩まされている方と、お話させていただいたことがあります。その方は、1ヶ月に1回は病院へ行き、症状が悪化するたび救急車で運ばれていたほど重度でした。

そんな状況ですから、当然と言えば当然かもしれませんが、口から出てくるのは、常に「マイナス言葉」でした。少しでも快方に向かうといいですね、と声をかけると、「この病気は治らないんです」と即答されます。とにかくネガティブでした。

私は、この方の「マイナス言葉」をうん、うんと言って受け入れながら、こんなご提案をしました。

「○○さん、最後の言葉だけ、『プラス言葉』に変えてみませんか？」

いくらネガティブなことを言ってもいいけど、最後のひと言だけはポジティブな言葉でしめくくる、というご提案でした。

この方のように、「マイナス言葉」を言い慣れてしまった人は、「プラス言葉」に変えてと言ってもすぐにはできません。だから、最後のひと言だけを「プラス言葉」にする小さな一歩を踏み出していただこうと思ったのです。

半年後、その方から驚くような知らせが届きました。検査の数値が改善し、もう病院通いをしなくてもよくなった、というのです。「あんなに具合が悪そうだった人が、病院から卒業できるなんて信じられない！」と思いましたが、実際に元気になられたのです。

人生の成否は、**「能力」×「熱意」×「考え方」**のかけ算で決まると言われています。**3つの中で最も重要なのは「考え方」。考え方にはプラスとマイナスがあり、それが結果に大きな影響を与えます。**

例えば、「能力」が100、「熱意」が100だったとします。「考え方」がプラス100だと、100×100×100で百万になります。ところが、「能力」

と「熱意」が同じ100でも、「考え方」がマイナス1だと、100×100×マイナス1で、マイナス1万になってしまうのです。このように、考え方がマイナスだと、どんなに能力や熱意があっても、良い結果は出ないのです。

でも、「プラス言葉」を口にするようになると、考え方がプラスに変わっていきます。なぜなら、**自分が発した言葉を一番聞いているのは、自分だからです。**

だからこそ、何か言うときは、「プラス言葉」を使うことが大切なのです。


例えば、「気が短い」というマイナス言葉は、プラス言葉に置き換えると、「行動力がある、決断力がある、スピーディー……」に、「優柔不断」は、「思慮深い、慎重、リスク管理が万全だ……」となります。

ちょっとひと息

COLUMN

あなたの言葉は大丈夫？

「プラス言葉」を言いたくても口から出てこない、という場合は、次の一覧にある言葉を使ってみてください。最初は違和感があるかもしれませんが、次第に慣れてきます。

また、何が「マイナス言葉」なのかも一覧で確かめてみてください。もしかしたら、「ああ、自分はマイナス言葉を使っているな」ということに気づくかもしれませんね。そのことに気づけること自体が、すばらしいことです。

これから先、「マイナス言葉」を使いそうになったとき、きっとあなたは「あ、マイナスではなく、プラスの言葉を使わなきゃ」と思うのではないでしょうか。それが人としての成長であり、変化です。

プラス言葉

プラス言葉とは？

人や自分自身が明るくなる、元気になる、やる気がでる言葉です。

人を誉めたり、感謝の思いを伝えたりするときの言葉、総じて、人を喜ばせる言葉です。

●例えば

うれしい　ありがとうございます
ついてる　楽しい　簡単だ
感謝しています　幸せだ
頑張ります　できる　豊かだ
充実している　いける　大好き
すばらしい　おもしろい　など

マイナス言葉

マイナス言葉とは？

人や自分自身が暗くなる、元気がなくなる、やる気がなくなる言葉です。

不平、不満、悪口、文句、愚痴、泣き言、心配ごとなど、総じて、人や自分を嫌な思いにさせる言葉です。

●例えば

嫌だ　難しい　じゃまくさい
忙しい　できない　疲れた
つらい　むかつく　だめだ
やばい　ゆるせない　苦しい
問題だ　つまらない　不幸だ
だるい　ついていない　など

第5章

Step2
自分のお尻は自分でたたく

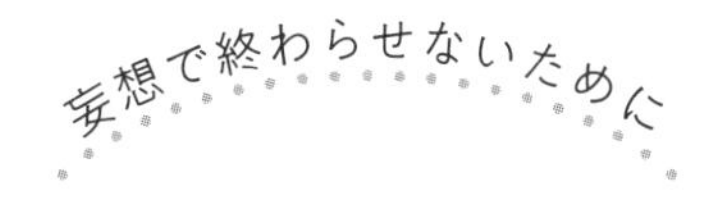

収入は「行動の結果」としてもたらされる

日本は経済社会です。シンプルに言えば、お金のやりとりでほしいものが手に入る社会です。お金だけを追い求めるとむなしい人生になりますが、自分や家族が幸せになるために、やはりお金は必要です。

これまでの日本には、お金のことばかり言うのは卑しい、という考え方がありました。そのため、お金を稼ぐ＝欲深いという観念が、いまでも染み付いています。でも、必要なお金をしっかりと確保することは、決して悪いことではないと思います。堂々と収入を得て、自分の人生を生きていきましょう。

ところで、1・2章で「労働収入」と「権利収入」についてお伝えしました。「労働収入」は、文字通り労働を提供して得られる収入です。時給いくら、月給いくらという計算の仕方で、自分が何時間働いたかで収入の額が決まります。

一方、「権利収入」は、時給では換算されません。成果に対する報酬なので、結果が出た分が収入となります。この収入を手にすることで、豊かな人生が開かれていきます。

しかし、「権利収入」は、何もしないで得られるものではありません。例えば、私たちが取り組んでいるフォーエバーのビジネスは、ただ座っていれば儲かる濡れ手に粟のビジネスではなく、まわりの人を健康にしていくことの対価として収入を得るビジネスです。つまり、「健康になって喜んでいただく」という成果がなければ、収入にはつながらないのです。

では、どうやったら成果をだすことができるのか。そのキーワードが「行動」です。

第3章では、思考の力を活かす方法をお伝えしました。考え方こそが、人に大きな成長をもたらすからです。でも、成功する人は、単に考え方を変えているだけではありません。必ず「行動」を起こしています。考え方を変え、行動を起こし、よい習慣を形成し、成果をだしています。

行動を起こすために、どんなことを行っていけばよいのか。それをお伝えしていきます。

その1　未来の自分に手紙を出す

成功する人には、決断力があります。こうする！と決めて、それをやり抜くから、成果がでます。**決めるということは、「必ずこんなふうになる」ということを、未来の自分に約束するのと同じではないでしょうか。**他の誰でもない自分が約束の相手ですから、もし破ってしまうと、自分を自分で裏切ってしまうことになります。他人との約束を大切にできる人であれば、自分との約束も必ず大切にできるはず。誰かを思うように自分のことも思ってあげてほしいのです。

自分と約束する。これと同じ効果をもたらしてくれるのが、「未来の自分への手紙」です。1年後はこうなっていたいという姿を、すでにそうなっているように書くのです。目標を達成した自分、なりたい姿になった自分、困難を乗り越えて幸せになった自分。とにかく、理想の未来を手紙にしたためます。そして、1年後の自分宛に投函します。

こうすることで何が起きるかというと、行動につながる心の変化が起こるのです。「1年後の自分にはずかしくないよう行動しなきゃ」という気持ちが生まれ、自分の背中を押してくれます。ついついさぼりたくなることでも、やろうという心理が働くので、行動が起きるのです。

ある女性が、「1年後の○月○日、○○で結婚式を挙げる」と書いた手紙を、1年後の自分に出したことがあります。ところが、手紙を書いたとき、この女性には、結婚する予定はもちろん、その相手すら見つかっていませんでした。

でも、1年後、本当に結婚したのです。結婚すると決めたことで、結婚に関する行動が起き、結果として手紙に書いたことが実現したのです。

未来への手紙は、理想をどのくらい達成したのかを振り返る機会にもなります。1年後に手紙が届いたとき、そこに書いてあることが何パーセント現実になっているか確認するのです。

ここで大切なのは、手紙の内容が現実になっていなかったとしても、がっかりしないこと。1年後こうなっているということを決断し、そこに向かって頑張った自分をほめてあげてください。未来への手紙は、達成することが目的ではなく、決めて行動する、ということが目的なのです。

【タイムカプセル郵便】

未来への手紙は、日本郵便が行っている「タイムカプセル郵便」というサービスを使えば可能です。届けてもらう日・場所を指定すれば、手紙を配達してくれます。はがきと手紙コースがあり、保管期間は最長10年。利用料金は保管期間に応じて加算され、1千~2千円（切手代は含まず）ほどです。

未来の自分に宛ててメールを送るWEBサービスなどもありますが、紙に書き、何年か後に自分の筆跡で書かれたメッセージを受け取ったほうが、決意や達成感は、より強いものになるように思います。
▼タイムカプセル郵便
https://yushu.or.jp/tegami-project/capsule/

★1年後の自分に、手紙を書いてみましょう。

1. 1年後、こうなっていたいという理想を箇条書きにします。
2. 箇条書きにするときは、できるだけ詳細に書くようにしましょう。例えば、「マイホームを建てる」なら、いつ完成するのか、駅から何分の場所にあるのか、何LDKなのか、壁紙の色は何色なのかなど、頭の中にイメージ写真が浮かぶくらい、詳しく書きます。「5千万円の家」など、数字を入れるとより具体的になります。
3. 書くときは、言い切り型で書きます。「マイホームを建てていると思います」ではなく、「マイホームを建てています」と断言します。

4．最後に署名をします。

一年後の私へ

・マイホームを建てています。友達を招いて完成パーティーを開いています。最寄り駅から5分のところにあり、2階建ての洋館のような雰囲気です。5LDKで、20畳の広々としたリビングがあります。壁は真っ白で清潔感があり、大きな絵画がかかっています。

・貯金が1千万円あります。貯金通帳に10,000,000と書かれています。

○年○月○日　小林ともこ

その2 利他の精神で行動する

目標を達成する人には、ある特徴があります。それは「**利他の精神**」を持っているところです。

利他とは、「誰かのために」という気持ちです。自分の欲望を満たすためではなく、他人の幸せのために行動するのが利他です。

自分だけ得をしたい、という利己の気持ちで行動すると、不思議と目標を達成できません。でも、誰かのためにと思って行動すると、達成します。

夫は、整骨院を開業するまで、それほど利他の精神を持っていませんでした。本人曰く、「1つ良いことがあれば、1つ悪いことが起こる」というように、プラスマイナスゼロの人生だったそうです。

しかし、整骨院でたくさんの患者さんと接するようになり、「患者さんのためだったら何でもやる」という気持ちになって以来、良いことばかり起こるようになったと振り返ります。

日本で成功者と言われる人の一人に、松下幸之助さんがいます。松下さんは、二股ソケットという画期的な器具を開発したことで大成功したのですが、儲けようと思って開発に取り組んだわけではありません。家族仲良く電化製品を使えるように、子どもたちが明るいところで本を読めるように、という思いを持って開発したそうです。それが結果的に大ヒット商品となり、松下さんに富をもたらしました。

こんな例もあります。知り合いの経営者に、別荘を購入された方がいます。夫婦二人で頑張ってきたことへのご褒美として購入されたそうですが、2人とも忙しく、なかなか別荘に行く機会がなかったそうです。

ご夫婦は、自分たちのための別荘、という考え方を変え、感謝したい方々を招く場所として別荘を使うことにしました。そして、お世話になった取引先や、会社で働いてくれているスタッフを招待していったそうです。すると、経営が非常にうまくいくようになり、何もかもが順調に運ぶようになったそうです。

私はいま、自宅のほか、ゲストハウスと、ビル3棟、マンション7戸を所有しています。自分が過ごすためではなく、仲間が自分たちの夢を気兼ねなく語り合う場所をつくりたかったからです。

語り合うときは、相手がモチベーションを上げてくれるような話をします。「何を言ってあげたら喜ぶかな」という視点で考え、お声がけをしています。

おかげさまで今、私の人生は、とても豊かです。もし私が、自分のためだけに行動していたら、このような人生にはならなかったと思います。

女性はもともと、利他の精神が強い傾向があります。特に子育てママは、子どものために行動していることがほとんどではないでしょうか。

人のために何かをする。この気持ちを大事にすれば、必ず成果がでます。あなたがママなら、そんなあなたの後ろ姿を見て育った子どもたちは、きっとすばらしい人間に成長します。

あなたが「幸せになってほしい」と思う人が、何をしたら喜んでくれるだろう……と書き出してみて、できそうなことから順に行動に移してみましょう。
不思議と物事が順調に運ぶようになりますよ。

その3 ほしい結果を口に出す

目標を紙に書いたり、それを貼り出したりすると、それが情報として目から入り、脳に届けられます。何度も繰り返していると、潜在意識に刷り込まれ、目標達成に向かう行動が生まれます。

でも、紙に書いたものを見るより、もっと効果的な方法があります。それは**「口に出して言う」**ことです。

以前、夫が会う人会う人に、こう言っていたことがあります。

「オリンピック選手にトレーナーとして同行したい。誰か俺をオリンピックに連れていってくれ」

オリンピックでは、選手の体をメンテナンスするトレーナーが同行し、ケガや故障を起こさないよう、マッサージや施術を行っています。決して表には出ませんが、選手の勝利を支える縁の下の力持ちとして、なくてはならない存在です。

しかし、誰でもトレーナーとして同行できるわけではありません。ツテがなければ、選手と話すこともできません。

どうしてもオリンピック選手のトレーナー経験を積みたかった夫は、あちこちで「オリンピックに行きたい」と口にしていました。すると、それを聞きつけた人が、ボクシング団体の会長を紹介してくれたのです。

夫が会長と初めてお会いした日、会長は足を引きずって歩いておられました。「どうされたんですか?」と聞くと、「足がしびれとるんや」とのこと。夫はそれを聞き、「私に3回チャンスをくださいますか? 3回続けて治療させてほしいんです」と言って、会長に施術をしました。その結果、会長の足のしびれが取れ、しっかり歩けるようになったのです。

会長は喜んで、「うちの選手たちのケアもしてほしい」と言ってくださいました。夫はボクシングのトレーニングセンターに行き、腕の伸びが良くない選手をケアしました。すると、腕の伸びが改善され、パンチがより相手に届くようになったのです。

「オリンピックで選手が勝つためには、ケアが必要だ。だから同行して選手のためにトレーナーを務めたい」。夫がその思いを会長に告げると、会長は二つ返事で快諾してくれました。その上、こう言ってくださったのです。

「だんなさん1人では大変かもしれない。奥さんもいっしょに行きたいですか?」

私が「はい」と答えると、本当に2人でオリンピックに行けるよう手配してくださいました。こうして私たち夫婦は、生まれて初めてオリンピックの選手村に入ることができたのです。

もし夫が「オリンピックに行きたい」と口に出していなかったら、この話はなかったでしょう。

これをしたい、ああなりたい、こんな結果を出したいなど、叶えたいことを周囲に言い続けると、誰かがそれに反応し、実現へのきっかけをつくってくれたり、チャンスをくれたりします。「夢は自分の胸に密かにしまっておくものだ」と言う人がいますが、しまいこんでいては、誰にも伝わりません。せっかく「目指したいもの」があるのですから、どんどんシェアし、多くの人に知っていただいたほうが、達成が早まります。

なお、口にするとき、1つだけ注意点があります。第4章でも少しふれましたが、ネガティブな言い方をしない、ということです。

言葉は、良いものも悪いものも潜在意識に届き、現実を引き寄せます。「病気になりたくない」と言うと、病気という言葉が潜在意識に入り、本当に病気になってしまうことがあるのです。

こんなときは、「病気になりたくない」ではなく「元気になりたい」と言えばOK。口から発する言葉の管理を行い、良い言葉だけを潜在意識に届けましょう。

さぁ、あなたがいま目指している結果を短いフレーズにまとめ、早速、明日、顔を合わせる人に伝えていきましょう。

すぐには結果が出ないかもしれないので、気長に言い続けることが大切です。

第6章

Step3 仲間を増やす

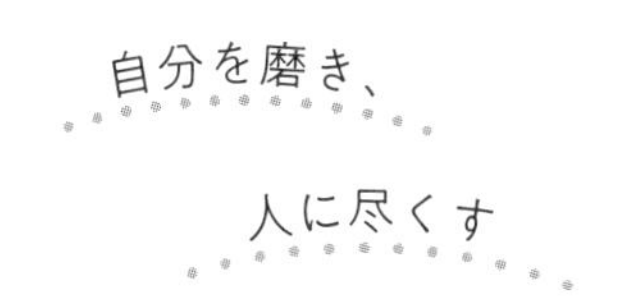

自分磨きは大切な仕事

自分の人生を生きるために最も重要なことは、**自己成長すること**です。自分を磨き、高めれば高めるほど、あなたの願いは叶います。

収入は、あなたが自己成長した結果としてもたらされます。**成長は収入の母**、と言えるかもしれません。だから、自分磨きは欠かせないのです。

フォーエバーでは、「私たちの仕事は何か」ということをよく考えます。職種としては「健康食品の販売」かもしれませんが、元看護師の先輩は、次の3つが、私たちがやっている本当の仕事だと教えてくれました。

①国助け・人助け

〝3度の食生活〟を見直し、生活習慣の改善に努めることで、多くの人が健康的な生活を送ることができ、医療費を削減することができます。厚生労働省によると、日本の医療費の3割が、糖尿病や高血圧などの生活習慣病に使われているそうです。金額にすると10兆円。健康食品を広めることでこれらを削減できたら、国にどれだけ貢献できるでしょうか。

また、第1章で、日本の平均寿命が大幅に伸びていることに触れましたが、みんながそろって健康で長生きできているというわけではありません。健康寿命（＝健康上の問題で日常生活が制限されることなく生活できる期間）となると、男性で約8年、女性で約12年（２０１９年）、平均寿命より短くなります。厚生労働省は、「今後、平均寿命の延伸に伴い、健康寿命との差が拡大すれば、医療費や介護給付費の多くを消費する期間が増大することになる。疾病予防と健康増進、介護予防などによって、平均寿命と健康寿命の差を短縮することができれば、個人の生活の質の低下を防ぐとともに、社会保障負担の軽減も期待できる」と述べています。

私たちの仕事は、この平均寿命と健康寿命の差を縮めることなんだという意識をもって、取り組んでいます。

私たちは、女性の視点から健康の大切さを伝えられますし、台所から家族の食生活を変えることもできます。一人ひとりができることは小さいかもしれませんが、それが何千人、何万人と広がっていったら、国助けレベルに達すると思うのです。

②健康と繁栄と潜在意識の活用を伝える

私たちがお伝えしているのは、健康のことだけではありません。心についてもお伝えしています。それが「**潜在意識の活用**」です。

潜在意識については、第4章でもふれましたが、潜在意識を活用できるようになると、現実がどんどん変わっていきます。「絶対できない」が「絶対できる」に変わり、以前の自分とは比べものにならないほど成果を出せるようになります。

潜在意識は、プラスにもマイナスにも作用します。潜在意識にマイナスの種をまけば、不安や恐れといったマイナスの花が咲きます。でも、プラスの種をまけば、成功や幸運などのプラスの花が咲きます。

しかし、多くの人はこれを知らないために、自分の潜在意識にせっせとマイナスの種をまいています。そして、マイナスの花を咲かせているのです。

日本人の自殺者数は、年間およそ2万人。自殺率では、先進国7カ国の中でワーストワンです。日本はこれほど豊かなのに、「もう生きていたくない」と感じる人が、1年間に2万人も出ているのです。

プラスの花を咲かせることの重要性を痛感します。

③自分磨き

自分磨きって仕事なの？と思われるかもしれませんが、私はそう捉えています。なぜなら、人を育てるには、自分磨きが欠かせないからです。

女性は、古くから人を育てる役割を担ってきました。そうです。子育てです。子育てママは、自分を磨くことより、子どもを磨くことに力を注ぎますが、最も効果的なのは、まずママ自身が自分を磨き、自己成長することです。

では、自己成長すると、なぜ人を育てられるようになるのでしょうか。

次に挙げるのは、**成功者の持っている資質**です。

・ポジティブ思考である

＝99％ダメな状況でも、必ずうまくいくと1％のチャンスに望みを持てる人

・**自分の存在価値を知っている**
・**与えられた環境の中で最大限の結果を出す**
⇓そのためには、何事にも本気で関わることが大事。本気で関わると、
①たいていのことは可能になる
②誰かが助けてくれる
③何事もおもしろくなってくる

・**勇気を持っている**
・**感動を与えることができる**
・**感謝の心を持っている**
⇓その中でも一番強いパワーは「**自分に感謝できる人**」

これらを兼ね備えた人のところに、人は集まります。
「成功は成長の果実」と言われます。成長は、他人と比較してはかるものではなく、昨年の自分よりも今年、今年の自分よりも来年と、自分自身と向き合い、人として成長していくことが何より大切です。そうした人のところに人は集まり、自分もそうなりたいと願い、彼らもまた自己成長していくわけです。

子育て中のママにも同様のことが言えます。ママ自身の学ぶ姿勢、人間としての成長こそが、最も効果的にお子さんの成長を促すものです。

特に伝えたいことがある場合は、「(あなたは)勉強しなさい!」といった「あなた」を主語とする〝Youメッセージ〟ではなく、「(お母さんは)あなたが何も言われなくても、宿題を始めてくれるとうれしいよ!」などと、「私」を主語とする〝Iメッセージ〟で伝えるとよいでしょう。

リーダーとは、勇気や感動や感謝をもって、仲間を成功に導くことができる人であり、与えられた環境の中で、最大限の結果を生み出せる人のことです。そんなリーダーをめざすために必要なのが、自分磨きなのです。

仲間の力を借りると、できることが広がる

自分を磨いていると、増えていくものがあります。それは「仲間」です。

私がフォーエバーの仕事を始めた当初、仲間はたった2人でした。1人は夫、

もう1人は夫の友人です。普通の主婦だった私は、耳ツボダイエットと出合い、フォーエバーと出合うことで自分が磨かれ、自己成長していきました。それにともなって、仲間がだんだんと増えていきました。

いま、私の仲間はあちこちで活躍しています。そして、健康の大切さをまわりの人に伝え、人助けや国助けをしています。私1人だけでは到底できなかったことが、仲間たちのおかげでできているのです。

下記グラフは、私がサロン経営とあわせ健康食品を扱い始めた当初

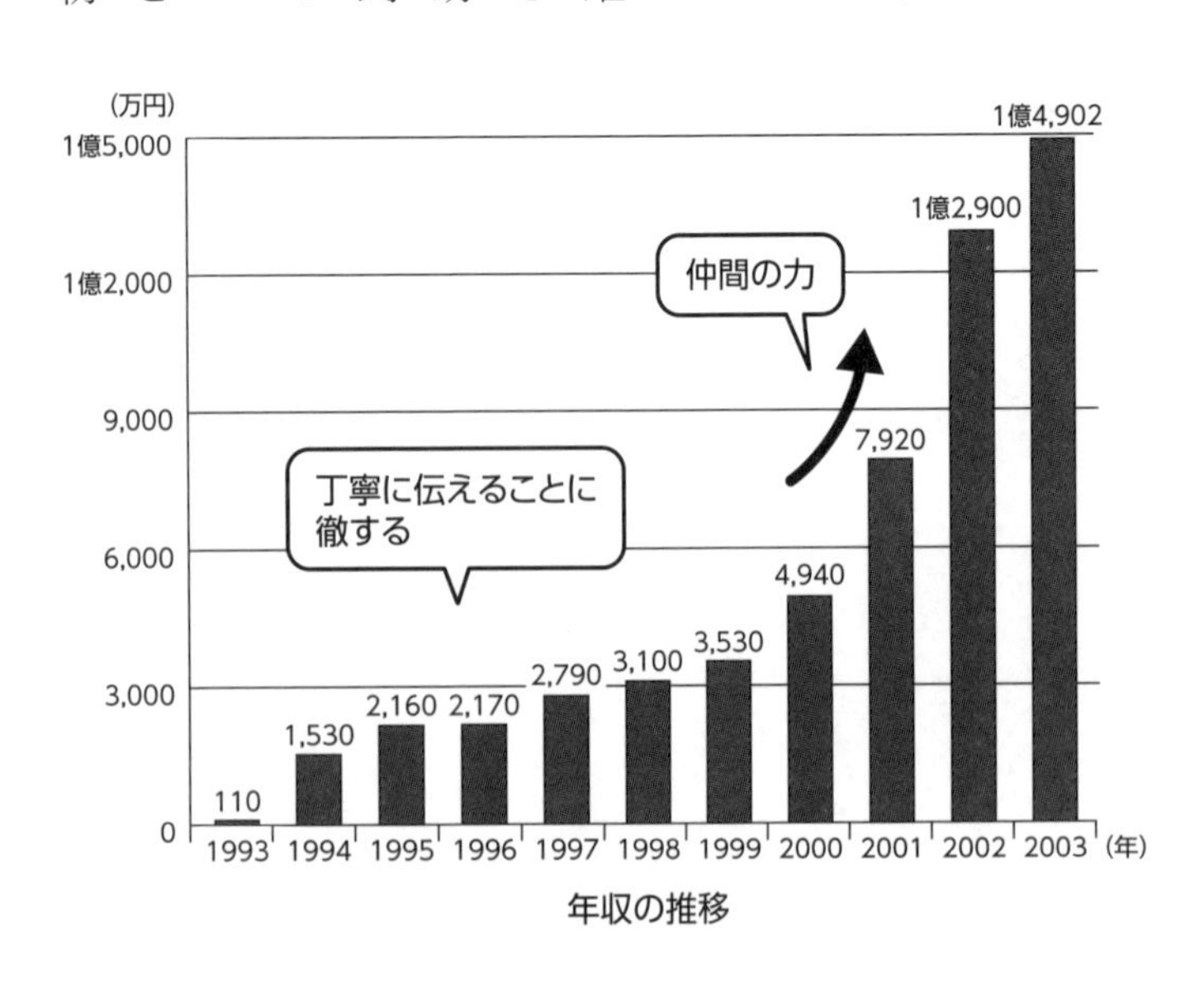

年収の推移

11年（1993年~2003年）の年収の推移を示したものです。1999年までは地道に伸びていたのが、2000年以降伸び率がぐんと上がっています。これこそ、仲間の力、ネットワークの力です。

仲間の力は偉大です。大勢の仲間に囲まれ、その仲間の力を借りられる自分になると、成果が飛躍的に上がります。

では、良い仲間を増やし、力を借りるためにはどうすればいいのか、それをお伝えしていきます。

相手が興味を持っていることを伝える

人は、自分を満たしてくれること以外、興味を持ちません。私たちがいくら「健康は大切よ！」と言っても、健康にさほど興味のない人には、振り向いてもらえないのです。

伝えたいことが伝わらないと、だんだんと心が折れてきます。良いことを伝えているのになんで?という気持ちがわいてきます。でも、そんなときに立ち返ってほしいのが、**「丁寧にお伝えする」**ということです。

フォーエバーの仕事を始めた頃、夫は、整骨院の患者さん向けに、健康についての勉強会を定期的に開催するようになりました。1日に100人以上が通っている整骨院ですから、声をかけたらたくさんの患者さんが集まり、勉強会に参加してくれました。

ところが、回を重ねるごとに、参加者が一人、また一人と減っていくのです。そしてとうとう、大半が不参加になってしまったのです。

「勉強会やめようかな」。夫は意気消沈し、勉強会を続けることに疑問を感じていました。でも、少なくなったとはいえ、まだ参加してくださる方がいらっしゃいました。「このままやめるのはもったいない」と思いました。

「私が勉強会を引き継ぎます」

夫にそう告げて、勉強会を続行することにしました。でも、同じような勉強会をやっても、人は来てくれません。

そこで思いついたのが、主婦向けのサークルです。私は、お料理、絵手紙、フラワーアレンジメント、ビーズ、手芸、ヨガなどのサークルを立ち上げ、その中で健康のお話をすることにしたのです。

多くの人は、勉強が嫌いです。1回2回ならいいですが、それ以上になると、苦痛を感じます。主婦ならなおさらです。ただでさえ家のことで忙しいのに、あえて勉強会に参加しようとは思いません。でも、自分の好きなことなら、忙しいけれど参加しようかなという気持ちになります。

「私だって、勉強会と名のつく集まりに行きたいと思わない。でも、お茶会だったら喜んで参加するな」。そう思ったのが、サークル立ち上げのきっかけとなりました。


サークルの開催は月1回。その中で、私は15分くらいの時間をいただき、食の大切さをお伝えするプチセミナーを開きました。短い時間なので、テーマを1つにしぼり、今月は添加物、来月はビタミンというふうに、毎回お伝えすることを変えていきました。

また、お料理のサークルでは、料理に使う食材にフォーエバーの健康食品を取り入れたりもしました。例えば、プロテインを使った手作りケーキや、蜂蜜を使ったキャンディをつくるなど。そうやって、「人の体は口から入るものでできている」ことを地道にお伝えしていきました。

サークル活動は、3年くらい続けました。家族の体をつくるのはコンビニ食ではなく、台所を預かる女性たちであること、そんな女性たちは医者より偉大なのだということを、毎回、丁寧にお伝えしていったのです。

すると、少しずつ参加者が増えていきました。そして気がつけば、私といっしょに活動してくれる仲間も増えていたのです。

伝えたいことがあると、相手に興味があるないにかかわらず、つい熱く語ってしまいます。でも、**相手にちゃんと情報を届けるためには、まず相手の興味を知る必要があります。その興味に合わせてお話をしていくと、こちらの言う**

ことに耳を傾けてくれます。

自分が何を話したいかより、相手がどんなことに興味を持っているのか。まずそこにフォーカスしてみてください。

継続は力なり

先ほど、サークルを3年続けることで仲間が増えていった、というお話をしました。もしかしたら、読者の皆さんの中には、「3年も続けたんですね。私には3年も続けるなんてとても無理……」と思った方がいらっしゃるのではないでしょうか。

どんな取り組みも、1度だけで終わらず、ずっとやり続けることで成果がでます。しかし、**「継続」こそが、誰にとっても最も難しいことです。**

三日坊主で終わらせず、ずっと続ける秘けつは何か。それが次の3つです。

①日時を決める

サークル活動なら、毎週第3水曜日の午後3時から4時までやる、というふうに、日時をピンポイントで決めます。そうすると、その日時には否が応でもサークル活動をすることになります。

それが習慣になってくると、頑張らなくても、無理をしなくても、続けることができます。なぜなら、やるのが当たり前になるからです。

歯磨きをするのに、「よし！ 頑張るぞ！」と気合いを入れてやる人はいないと思います。朝起きて、洗面所に立ち、歯ブラシに歯磨き粉をつけて口の中に入れる。多くの人は、寝起きでぼーっとしていても、この動作をやっていると思います。それは、習慣化しているからです。まるで息を吸うようにやっているのです。

習慣化できれば、自然と継続していけるものです。

②楽しむ

人は、楽しいことなら何度でも体験したいと思います。逆に、楽しくないことは、続けようとは思いません。

勉強会は「楽しくない」と思うため、2度3度と足を運ぼうとは思いませんが、お茶会だと「楽しい」と感じ、何度でも行きたくなります。

続けるためには、楽しいことを企画することです。「次回はこんな楽しい会をやりますよ」と言うと、ワクワクします。さらに「楽しいから、あの人も呼びたい、この人も呼びたい」となって、参加する人がどんどん増えます。

継続は、根性ではなく、楽しさをもって成立します。

③いっしょにやる

人が成功しない理由の1つに、「一人でやってしまう」ということがあります。人間は弱いものです。最初は「やるぞ！」と心に決めたことでも、3日、1週間、1ヶ月経つと、その決意が薄れてきます。

でも、**仲間といっしょにやると、お互いに励まし合いながら続けることができます。**また「仲間がいるから、自分だけ投げ出すわけにはいかない」という心理も働きます。

さらに良いのは、**仲間がいると、いろいろな知恵や協力が生まれる点**です。一人でやるとしんどいことでも、仲間とやればすんなりできたり、それぞれの個性や強みを生かせたりします。

力を合わせて1つのことを達成すると、喜びも生まれます。そうやって活動自体が楽しくなってくることで、無理なく続けることができます。

今、あなたが継続したいこと、習慣化したいことは何でしょう?

その取り組みのために、あなたの場合、どの時間帯を当てられそうでしょう?週1回、月1回……頻度は可能な範囲で。ただし、火曜日の何時〜何時、第三水曜日の何時から何時……などと日時をピンポイントで決めてしまいましょう。

計画が具体化したら、あるいは、まずは一人で始めてみてから、いっしょに楽しく取り組んでくれそうな〝誰か〟に声をかけてみましょう。

ちょっとひと息

COLUMN

9日間、主婦が家を空けると……

フォーエバーでは、年に1回、健康食品の原料であるアロエの生産地・アメリカでの研修（ふるさとセミナー）があります。9日間、栽培地の視察とともに、会員間の交流を通し多くを学びます。

私は、このツアーに、子育て中のママもお誘いするようにしています。彼女らが、9日間家を留守にするのに、どれだけの勇気や決断力を必要とするかを承知の上です。彼女らは行きの飛行機の中では、「子どもを両親に預けてきた。もし病気でもしたら……」と、頭の中で「もし」を巡らせ、とても暗い顔をしています。私自身、そうした母親の一人だったので、彼女らの不安は手にとるようにわかります。我が家の場合、帰宅すると、「みんなすごく良い子だった。洗濯物はたたんでくれるし、台所も手伝ってくれるしで、大助かりだった」と両親が誉めてくれました。普段はそんな良い子たちではありません……。思わず子どもたちをギュッと抱きしめ、泣いてしまいました。彼女らに、こうした私の経験とともに、「親が頑張っていれば、子どもも成長するもんなんだよ」と伝えています。

「愛」と「感謝」をベースにする

愛とは、無償の愛のことです。**自分には何の得にもならないけれど、人のために尽くす。それをやり続けていると、まわりに人が集まってきます。**

私たちが初めて、フォーエバーの主力商品であるアロエベラジュースの生産地（アメリカテキサス州）を訪ねる「ふるさとセミナー」に参加したときのこと。アロエベラの生産地という行ったこともない海外への旅だったため、最初はすごく不安を感じていました。

そんな私たちを見て、ツアー中、2人の年輩の女性が声をかけてくれました。食事のときは「小林さん、こっち座り」と言って手招きしてくれたり、記念写真を撮るときは、「そこに立って。いちばん角度がいいところだから」と教えてくれたり。本当に至れり尽くせりでした。

その女性たちは、私たちが所属するのとは違うグループの方々でした。本来なら、私たちをお世話する必要はないのに、自分のメンバーのように親身に接してくれたのです。

そのため私たちも、次回は必ず別のグループを誘い、自分たちがやってもらったことを、その人たちにもやってあげようと、翌年、2組のご夫婦を招待しました。

そのうちの1組は、新婚旅行に行っていないカップルでしたので、ふるさとセミナーを新婚旅行代わりにしてもらおうと、食事の席を取ってあげたり、写真をたくさん撮影してあげたりしました。

すると、そのカップルはすごく喜んで、翌年、自分たちが誘いたい人をご招待し、私たちがしたのと同じように、親身になって接したそうです。

自分がしてもらってうれしかったことを、別の人にもする。これを「ペイ・フォワード」と言います。日本語に直訳すると、先払い。「恩送り」と意訳することもあります。

「恩送り」は、見返りを期待しない、まったくのボランティアです。誰からもお金をもらえません。でも、**1円にもならないことを一生懸命やってくれると**

ころに、人は感動するのです。まさに無償の愛です。

無償の愛を受けたとき、心からの感謝が生まれます。その感謝が人から人へと伝わっていき、仲間を呼び、仲間を増やしていきます。

「仲間が増えないな……」と思ったら、「愛」と「感謝」が足りているか、チェックしてみてください。

私が主婦向けの料理サークルを毎月開催していたとき、参加者がゼロになったことがあります。たまたま開催日が運動会と重なったため、子育て中のママがみんな運動会に行ってしまったのです。

参加者がいないと、心が折れて「もうサークルをやめよう」となりがちです。でも私は、絶対にやめませんでした。そのサークルには、毎回、お料理の先生が来てくださっていました。わざわざ時間をつくって来てくださる先生のために、感謝を忘れてはいけない、たとえゼロ人でも続ける、そう決めていたからです。

その結果、お料理サークルは、3年という長きにわたって継続しました。

愛をもって人に関わる。感謝をする。結局は、これが一番大切なのだと思います。**どれだけ「ありがとう」を言い、「ありがとう」を言ってもらえるか。それが、仲間を増やし、良い関係を続けていく基礎となります。**

また、感謝でつながっている仲間たちは、何かあったときに必ず助けてくれます。無償の愛を発揮し、困っていることを解決するために手を貸してくれます。

私はいつも、自分の仲間たちに「ずっと『ありがとう』を言える間柄でいようね」と伝えています。**ありがとうの数が、人生の価値を決める**と思っているからです。

うまくいかないことがあったら、「愛」と「感謝」を思い出してみてください。

第7章

彼女たちのライフシフト

耳ツボダイエットサロンを開業することで、人生の舵を切った私自身のライフシフト事例とともに、4〜6章の3つのステップにわけて、ライフシフト最大の敵とも言える、自分で自分にかけてしまっているブレーキの解除法を紹介しました。

最終章では、私同様に、耳ツボダイエットサロンの開業をきっかけにライフシフトを果たした4人の女性の事例を紹介します。

世代、境遇の異なる彼女たちの下すいずれの決断からも、自分に正直にありたい、家族を犠牲にしたくない……といった強い覚悟と深い愛情が、また、サロンの開業を決意するまでのプロセスには、女性ならではの堅実さ、冷静さがうかがえます。

元気をもらえること、間違いなしです！

離婚し、自立したシングルマザーとなる！

50代・加藤裕子さん

自信をつけたくて、資格を取りまくったものの……

社会人経験がほとんどない状態で結婚し、長らく専業主婦をしていた私。月日が流れ、次第に夫とうまくいかなくなり、夫と離れて自立したいと思うようになりました。でも、息子たちはまだ幼く、もし離婚したら、私が生活費や教育費を稼がなくてはなりません。社会人経験がない私がすぐに稼げるようになるとは思えず、長く離婚に踏み切ることができませんでした。

そんな日々の中で着目したのが、資格です。資格があれば自活できる。そう思い、いろいろな資格を取りまくりました。いま思えば、専業主婦で何の仕事経験もないことに強いコンプレックスを感じ、〝資格マニア〟になっていたのだと思います。それらの中でインテリアコーディネーターとカラーコーディネーターの資格を活かし、会社にパート入社することができたのですが、時給は850円でした。自立して生活できるレベルではありませんでした。

当時、駅の売店のアルバイトが時給1千100円。150万円もかけて資格をとったのに、資格なしでできる売店アルバイトよりも低い時給しかもらえなかったのです。

この仕事では、私の求めている生活を手に入れることはできないと思い、すぐにより高収入が得られそうな宅建主任資格（現・宅建取引士資格）にもチャレンジしました。

「こんな人生早く終わらないかな」と思うほどの絶不調

また、当時、日々のストレスから、過食気味で体重が増加。痩せなければと、6年かけて自己流のダイエットをしたにもかかわらず、体重は減るどころか、10kgも増えていました。

その上に、健康診断で「脂質異常症（高脂血症）…要治療」と診断され、食事や運動など生活習慣の改善を求められていました。体調はいつも悪く、朝はだるくて起きるのに時間がかかり、目覚めはいつも最悪の気分。夕方にはぐったりして動けなくなる……といったとてもつらい毎日でした。

夫とは不仲。体調は最悪。精神的にも不安定になり、私はいつしか「こんな人生、早く終わらないかな……」と思うようになっていました。

先輩たちの成功に、未来を見る

耳ツボダイエットを知ったのはその頃です。友人が耳ツボダイエットのサロンを経営しているのを見てうらやましく思っていました。シングルマザーの彼女は、その仕事で、娘さんを私立の高校に通わせていました。

「私にもできるかな？」――友人に聞いてみると、「できるよ」とすぐに返してくれました。

そこで、耳ツボダイエットがどのくらい効果を発揮するものなのか、まず自分の体で試してみました。するとそれまで何をやっても痩せなかった私が、**たっ**

た3ヶ月で8kgも痩せたのです。脂質異常症の数値に至っては、1ヶ月で正常値になりました。何よりもうれしかったのは、**人生をやめたいと思っていたほど悩んでいた体調不良が改善した**ことです。体がとても軽くなり、朝からテキパキと部屋を掃除できるようになったのは奇跡でした。

自然と、気持ちが前向きになり、生きる気力がわいてきました。

元気になったところで、私は離婚を決行、シングルマザーとなりました。

この時期、私はまさに人生の岐路にあったと思います。息子たちといっしょに生きていくため、資格を活かして会社員として働き続けるか、耳ツボダイエットのサロン経営者になるか、という分かれ道です。宅建主任資格を持っていた私は、不動産会社の正社員として働けます。一方で、私を体調不良から救ってくれた耳ツボダイエットについて学び、自分のサロンを開業する、という選択肢がありました。

「どうしよう……」。

悩んでいる私の背中を後押ししたのは、息子たちの存在でした。当時、二人の息子は私立の高校と中学に通っており、会社員としての収入では、その生活を維持するのは困難だと思いました。息子たちに経済的な理由でやりたいことをあきらめてほしくないとも思いました。加えて、実際に耳ツボダイエットサロンを経営し成功している先輩シングルマザーの存在も大きかったと思います。先輩たちの真似をすれば、きっとうまくいくという期待感がありました。

「サロン経営者になる」――腹を括りました。専業主婦からいきなり経営者になるのですから、不安でした。でも、私自身が、耳ツボダイエットで体調が良くなり、気持ちが前向きになったことは揺らがぬ事実です。もしも会社員となって耳ツボダイエットから離れてしまったら、もともと不摂生な私はきっと逆戻りしてしまう。だからこそ、**耳ツボダイエットという健康産業の中に身を置こう。そうすることで今後も自分の健康を維持できる。**そう考えると、怖さや不安より、やってみたいというワクワク感が勝りました。

私の人生、私がクリエイトする！

しかし、開業当初、サロンはまったくうまくいきませんでした。思うように成約がいただけなかったのです。なんでうまくいかないんだろう……。きっとこの地域の客層が悪いんだ。私にはサロン経営なんて無理だったのかなあ。

そんなふうにあれこれ思い悩み、あきらめかけていたとき、小林先生から考え方が大きく変わるひと言をいただいたのです。

「人生は想い通りなんだよ」

「え？」と思いました。私の人生、ぜんぜん想い通りにいっていない、なんで？という疑問が頭の中をめぐりました。そう思っていると、小林先生が続けました。

「いいことも悪いことも、全部自分が選んでいるんだよ。何かのせいにしてあきらめるのも自分。自分の想いの通りなんだよ」

はっとしました。

私は、うまくいかないのは地域のせい、お客様のせいだと思っていました。全部自分が選んだことだなんて、考えたこともありませんでした。でも、よくよく振り返ってみればそうでした。人のせいにしているのは、自分がそういう考え方を選んでいるからだ、ということに気づいたのです。

人は想った通りの人間になる。このまま他人のせいにばかりしていたら、もう成長は見込めない。**自分の人生は自分でクリエイトしていかなきゃ！**

私の中で、**人生に対する考え方が大きく変わりました。**

専業主婦だった頃、私は自分の人生を他人に委ねていました。でも、その人生から脱却するため、サロン経営に乗り出した矢先に「うまくいかない」ことを、他人のせいにしたり、環境のせいにしたりしていたのです。こんなことではいけないと思いました。

「人のせいにするのは、もうやめよう」

このときから、**私の行動が変わりました。**愚痴を言わなくなり、地域のせい、他人のせいにしなくなりました。責任ある行動を心がけ、地域をもっと好きになろうと考えるようになりました。

すると、少しずつではありますが、成約をいただけるようになり、開業2年が経過した頃から、経営が安定し始めました。

さまざまな「考え方」を学び、感謝を知る

そこからはずっと順風満帆だったかというと、決してそんなことはありません。

最も大変だったのが、人間関係です。サロンの仕事を始めた仲間が、途中であきらめてやめてしまったり、私に不信感を持ったり。どうしていいかわからず、何度も思い悩みました。そんなときに支えてくれたのが、サロン経営をしている先輩たちです。「一人で考えないで、相談してね」と言って親身に声をかけてくれ、具体的な方法を教えてくれました。

きっとこれまでの人生でも、私はいろいろな助言やメッセージを受け取っていたのだと思います。でも、人間として未熟で器が小さかった私は、それを受け取ることができませんでした。**自分の器を大きくしなければ、どんなに良い言葉を聞いてもキャッチできない。それを人に伝えてあげることもできない……**。

人間として成長したいと思いました。そのために、**自分より器の大きな人と接し、感じて学ぼう**と思いました。以来、尊敬する先輩たちから積極的にさまざまな「考え方」を学んできました。

以前の私は、とても利己的な人間でした。離婚したとき、夫に対し「あなたのせいで……」「あなたさえいなければ……」などといった感情を抱いていました。でも考えてみれば、私が主婦として生活できていたのは、夫が経済的に支えてくれていたからでした。

「ああ、自分は守られていたんだ」。そう思ったとき、別れた夫に感謝の気持ちがわいてきました。かつては口先でしか感謝の言葉を言えなかった私が、今は毎日あふれるほどの感謝に満ちています。ようやく、私自身の人生の入口に立てている気がしています。

おかげさまで息子たちは、その後、私立の大学、海外留学と望む進路を進み、いまは社会人になっています。離婚という人生の岐路にたったあのとき、会社員となる道を選んでいたら叶えてあげられなかった進路だったかもしれません。

親子3人で生活していくために始めた仕事が、いまでは人生の目的となっています。夢を持って充実した日々を送ることができており、本当に幸せです。

40歳からの就活で現実の壁に突き当たり、サロンオーナーに

50代・小竹恭子さん

30代までは専業主婦として

派遣社員として働いていた27歳のときに結婚。公務員の夫は転勤族だったので、3～4年ごとに引っ越す、という生活が始まりました。私は専業主婦として家事に専念、30歳で娘を出産しました。

でも、その後、第二子に恵まれない〝二人目不妊〟に悩みます。病院に行って調べてもらっても特に問題はないと言われ、10年間・40歳になるまで望みつづけましたが、授かりませんでした。

ちょうどその頃、一人っ子の娘が小学生の高学年となっており、「転校を繰り返すのはかわいそうだから、もうどこかに落ち着こう」と、夫の地元にマイホームを構えました。二人目出産の場合、40歳を過ぎたら高齢出産と定義されることもありましたが、私自身、「もう一人授かっているし、転勤もしなくてよくなったから、専業主婦を卒業して外に出て働こう」という気持ちになっていました。

学校から帰ってきた娘を出迎えてやりたくて

ところが、就職活動をする中で、現実の壁に突き当たりました。

娘が学校から帰ったら家にいる、という生活は崩したくなかったため、「仕事を選んではいられない」ことは承知の上で就活に臨んだものの、自分の求める仕事は見つかりませんでした。

そんなとき、友人から「こんな仕事もあるよ」と言って紹介されたのが、耳ツボダイエットサロンの経営でした。

「耳ツボ」という言葉自体、まったく初めて聞く言葉でしたが、自宅でできる仕事だというところに、大きな魅力を感じました。娘を鍵っ子にしなくてすみますし、時間の自由も効きます。

さらに良かったのは、特別な資格がなくても、未経験者であっても、認定資格をとればサロンを開けるところでした。友人も「誰でもできる仕事だよ」と背中を押してくれ、がぜん興味がわきました。

母の健康改善のために資格を取得

耳ツボダイエットに惹かれたのには、もう一つ理由があります。本当に無理なく健康的に痩せられるのであれば、実家の母にピッタリのダイエット法だと思ったからです。

母は若い頃から働きづめで、肥満から来ているのか、私が小学生のときにはすでに高血圧で、いつも大量の薬を飲んでいました。そして、働きながら祖母の介護もしており、祖母が93歳で旅立つまでずっと世話を続けていました。ところが、祖母を看取ったとたん、外に出て歩くことができないほどに、急激に老け込んだのです。長く張り詰めてきた気持ちがプツンと切れたのでしょう。

そんな母も痩せたらラクに動けるようになるし、生活にハリも出る。これまで苦労続きだった母だからこそ、もう一度元気になって、自分の時間をゆっくり楽しんでほしい、と思いました。

そこで、耳ツボダイエットがどういうものなのか、まず自分で確認してみようと考え、資格取得セミナーに参加。耳ツボダイエットは、栄養のバランスを整えながら痩せていくものだ、ということを学びました。激しい運動のできない70代の母がダイエットするには、口に入れるものがとにかく大事だと感じていたため、これなら自信を持って勧められる、私が資格をとり、母に耳ツボダイエットを指導してみよう、そんな気持ちになりました。

ただ、そう思って資格を取得したものの、母が耳ツボダイエットを受け入れてくれませんでした。聞いたことのないダイエット法を取り入れるのが怖かったのだと思います。しぶる母に、急に老け込んだことがすごく心配なこと、健康面を改善することが何より大切なこと、耳ツボダイエットは口に入れるものの安全性を重視していることなどを伝えて、何とかわかってもらえるよう努力しました。

母のダイエット成功にサロン経営を決意

高血圧の人は、朝の血圧によってその日が決まります。朝、血圧が高い日は、体調が不安定で落ち着きません。母もそうでした。調子の良い日と悪い日の差が激しく、いつも不調に悩まされていました。

ところが、耳ツボダイエットを始めて1ヶ月経たないうちに、母の寝起きが良くなったのです。寝つきもよくなり、あれほど不安定だった体調が安定してきました。母自身、そうした変化をものすごく喜んでくれました。

そして、体重も6kg落ちたのです。高齢になると、なかなか痩せられないと思うのですが、70代の母でも筋肉を落とすことなく体脂肪を減らすことに成功したのです。高齢者でも結果を出せる。しかも健康になれる。年齢に関係なく、安全に痩せられるのが耳ツボダイエットなんだ——そのことを実感した私は、自宅でサロンを開くことを決断しました。

主婦から経営者へ。考え方を大きく転換

夫にサロン経営について相談すると、すぐに「これからヘルスケアはますま

す重要になってくると思う。やってみれば？」と快くOKを出してくれました。

ところが、隣に住んでいた姑は、私が自宅で開業することに大反対しました。サロンを始めると、見も知らぬお客様が自宅にやって来ると聞いて、「赤の他人を家に上げるなんて！」と反発しました。姑はきっと、私たちのことを心配してくれたのだと思います。でも、サロンを開くことを決めていた私は困りました。

この状況を救ってくれたのは、ほかならぬ夫です。私といっしょに姑を説得してくれて、最後は、「覚悟を決めているんだから、見守ってやってくれ」と伝えてくれました。

念願叶い、サロンをスタートさせることができましたが、サロン経営について学ぶほどに、それまでに備わった考え方・感覚を大きく転換させる必要を感じました。夫からお給料を受け取り、家計をやりくりしていたときは、専ら引き算でした。決まった給料の中から支出するのですから、どうしてもそうなります。でも、サロン運営においては、そうした感覚のままでいては発展がない、ということを思い知りました。例えば、サロンのことを近隣の人に知ってもらうために、チラシを配ります。それに主人のお給料の1ヶ月分くらいの費用がかかります。家計をやりくりする感覚のままでいては前に進めません。

こうした私の固定観念を壊すための力となったのは、「悩まずに何でも相談しなさい」というグループリーダーの存在と、「日本の生活習慣病を半減する」という耳ツボダイエットプログラムを提唱する「日本痩身医学協会」の理念でした。

相談相手がいてくれる安心感は、新しいことに挑戦する際の支えとなりました。また、「生活習慣病を半減する」という協会の理念には、長年、高血圧に悩んでいた母が健康を取り戻せたことで、すでに大いに共鳴できていました。

「変わらなくちゃいけないんだ」と一念発起

しかし、サロンを運営するうち、私はまたしても壁に突き当たります。「日本の生活習慣病を半減する」という理念に共感してくれる仲間を増やすことが、なかなかできなかったのです。

その原因は、私自身にありました。子どもの頃から内向的だった私は、大人になっても自分の意見をはっきり言えませんでした。そのため身近な人に、自分の熱い思いや、「あなたといっしょにやりたい」というひと言をどうしても言えなかったのです。

そのまま1年間ずるずると悩んでいたとき、私のグループリーダーのひと言にハッとしました。

「人生には二通りある。一つは、人から影響を受けながら人生を終える人。もう一つは、人に影響を与える人。あなたはどちらの人生がいいですか?」

それまでの私は、人から影響を受け続けてきた人生でした。でも、これからは人に影響を与える人になりたい。そんな人生を送りたい。この仕事ならそれができる。**私は変わらなくちゃならないんだ、**と。

「生活習慣病に苦しむ方々の力になりたい、そんな想いでこの仕事に取り組んでくれる仲間を増やしたいんです」。

私はまず、サロンに来てくださったお客様から声をかけていきました。

そうやって想いを伝えているうち、お客様の中に「私でもできるかな」と言ってくださる方が現れ始めました。そして、2ヶ月で4人もの仲間ができたのです。

そこからは、どんどん志を同じくする仲間が増えていきました。

支えてくれる家族、仲間がいる

サロンをオープンして7～8年経った頃、妹も耳ツボダイエットの資格を取得しました。医療クラークをしていた妹は、当初は耳ツボダイエットには目もくれませんでしたが、あるとき、手に職をつけるために耳ツボダイエットの資格をとりました。

資格をとって以来、妹は180度変わりました。耳ツボダイエットの良さを理解し、「これは地元に広めなきゃ」と私をサポートしてくれるようになりました。

また、一人娘も仕事をする私の姿を傍らで見て、「ママ頑張って」と応援してくれます。自分のまわりにいる人たちに、健康の大切さを伝えてくれるようにもなりました。娘がそんなふうに育ってくれていることが、本当にうれしい。

そして、当初、自宅サロンを開業することに反対していた姑も、いまは応援してくれています。多くの人に支えられていると感じています。

これからも、いろいろな悩みを抱えると思います。

でも、いまの私にはいっしょになって悩み、解決法を考え、笑い合える仲間がいます。引き続き、そうした仲間を増やし、みんなで幸せになり、いずれ、かつての私のような不妊の悩みを持つ女性や、少子化社会であっても存在する、恵まれない子どもたちを支える体制を整え、見守ることができればと考えています。

夫の事業がピンチ！ 耳ツボダイエット導入で起死回生

50代・鈴木悠喜さん

夫の事業を支えるため、エステサロンを開業

私の転機は、順調だった夫の経営するカスタムカーショップがうまくいかなくなったことで訪れました。事業が傾きかけているのを察知した夫は、「事業を立て直すために力を貸してほしい」と言いました。それまでも夫のショップを手伝っていた私が、事業立て直しの力になるためには、他の会社で働いて収入を得るというよりは、別の事業を始める必要がありました。幸い、私には結婚前にエステティシャンとして働いた経験が少しありました。この分野ならなんとかできそうだと思い、エステサロンを開業したのです。

エステサロンは、ある程度の収入にはなりました。でも、売上の多くは夫の事業の返済に回るばかりで、利益は残りませんでした。しかも、月によって売上がバラバラ。なかなか安定せず、自転車操業の状態にありました。

その頃の私は、エステティシャンとしての外からのお手入れに限界を感じていました。どんなに一生懸命に施術をしても、提供できるのは一時的な満足のみで、お客様にとっての本当の意味での美と健康に結びついていないと感じていたからです。

自分自身、幼少期から虚弱体質と言われていたこともあり、食物、飲み物、調味料までかなりこだわって健康に注意した生活を心がけてはいましたが、体のあちこちに不調もきたしていました。

経営者としての責任を負うことになり、体調も万全ではありませんでしたが、夫と二人力を合わせて試行錯誤を重ねることで、なんとか耐えている……といった苦しい状態が続きました。

耳ツボダイエット導入で、エステサロンの集客アップ

そんなとき、たまたま行った近所の整骨院で、夫が耳ツボダイエットのパンフレットを目にしました。何か新しい事業に取り組みたいと思っていた夫は、自分自身の体重が増加気味だったこともあって、興味を惹かれました。

「やってみようかな」

ちょうど、いとこが耳ツボダイエット事業を始めたところだったので、一度体験してみたいと相談すると、週に2回通う必要があるとのこと。いとこのサロンまでかなり距離があったので通うのは難しい、それならいっそ自分たちで資格をとって、エステサロンに導入してみたら?とアドバイスされたのです。

当時の私は、耳ツボダイエットは整骨院でやるもの、という先入観があり、興味がありませんでした。とはいえ、やってみなければどういうものかわからないので、主人といっしょに、耳ツボダイエットを体験してみることに。

結果はすぐに出ました。

耳ツボダイエットを始めて少し経った頃、あれほど重度だった主人の花粉症が出なくなったのです。これにはびっくりしました。そして、アトピー気味だっ

た私にも変化が起きました。目の周りがかぶれ気味で、季節の変わり目などはメイクができないくらいひどくなっていたのですが、それがまったくなくなりました。もっと驚かされたのが、体調不良も改善していたことです。私たち夫婦のほか、エステサロンのスタッフも耳ツボダイエットを試したのですが、彼女の場合は、体重が3ヶ月で12kgも落ちたのです。

エステサロンでは、揉み出しやマシンを使った痩身を行っていましたが、たった3ヶ月でここまで体重が落ちた例はありませんでした。エステではうまくいかなかったことが、耳ツボダイエットでうまくいったのです。

そんな私たちの変化を目の当たりにして声を上げたのが、エステサロンのお客様でした。「自分も耳ツボダイエットをやりたい！」と希望されるようになりました。これはもうサロンに取り入れるしかない。そう思い、耳ツボダイエットの事業をスタートさせることにしたのです。

その後、耳ツボダイエットはお客様から受け入れられ、たくさんの方々がサロンに来てくださるようになりました。夫がダイエットに成功したのを見たご近所の皆さんのご来店が、目に見えて増えたのです。

広げれば広げるほど、良い結果が出ていく。そしてお客様が喜んでくださった分だけ収入が増える。そんなビジネスを体感し、私は「これは多くの人に自信を持って勧められるものだ」と確信しました。

利益追求から利他の世界へ

耳ツボダイエット事業の成功で、次第にエステサロンの売上も安定していきましたが、私たち夫婦にとって一番良かったのは、それまでと考え方が大きく変わったことでした。

サロンオーナーが集まるセミナーや勉強会でお話を聞き、自分たちがいかに利己的な生き方をしてきたかを思い知らされました。それまでの私は、エステサロンや事業の売上を上げることばかり考えていましたが、サロンオーナーに集う皆さんは、利己ではなく利他に生きていました。ともに活動する中で人のために行動することの大切さを教えてくれたのです。

私は、こうした**利他の精神に触れたとき、「こんなあたたかい世界があるんだ」と感動せずにはいられませんでした。**ビジネスに対する考え方が、利益追求から利他へと一気に変わっていきました。

特に変わったのは夫です。耳ツボダイエットを軸とした健康ビジネスに本腰を入れるようになったのです。**ビジネスとしてやるからには、人として大切なことを学べる仕事をしたい。利益を追い求めるのではなく、お客様に喜んでいただけることをしたい。**そうした想いが私たち夫婦に新たに芽生えました。

「かっこいい仕事」と子どもに言ってもらえる

また、利他の精神を意識することや**ポジティブで良い言葉を口にするようにしました。**そうするうちに、家族関係がさらに良くなっていきました。それによって、私も気分良く毎日を過ごせるようになっていきました。何よりもうれしかったのは、**わが子に誇れる仕事をできるようになったこと**です。耳ツボダイエットプログラムを提唱する「日本痩身医学協会」には、「生活習慣病を半減する」という理念があります。大きな社会課題となっている生活習慣病を減らすことがめざすところです。つまり、この仕事をすることによって、**社会貢献ができる**のです。

「かっこいい仕事だね」。そんなふうに子どもに言ってもらえることが、とても誇らしく、何にも代えがたい大きな喜びです。

もしも耳ツボダイエットに出合わなかったら、今の幸せはなかったと思います。現在、健康や収入を手に入れただけでなく、仲間とともに将来のビジョンまで描けるようになっています。

80歳まで頑張れる！「最後の仕事」で、人の役に立つという願いを実現

70代・木越眞智子さん

若い皆さん、同世代の方々へのエールになれば

72歳の現在、健康産業（耳ツボダイエットサロンとフォーエバービジネス事業）に身を置き、バリバリ仕事をしています。「80歳までやれる！」と感じています。

そう思えるのは、単に体が健康だからではなく、いま、**人間関係、健康、経済のバランスがとれた毎日**を送れているから。それらすべてが良好だから、こんなに元気でいられるのだと思います。

かつての私もそうでしたが、女性が人生の岐路で一歩を踏み出すには、大変な勇気が必要です。「正解」はどちらだろうと考え込み、何年も何十年も行動に移せないまま無為に過ごすことも、決して珍しいことではないでしょう。

若い皆さん、そして同世代の方々へのエールになればうれしく、私のこれまでの歩みをご紹介します。

「子どもを育てる」ため、下着販売の仕事に就くも……

就職して数年後に結婚し寿退社。でも、結婚は長く続かず、子どもたちがまだ小さいときに離婚。育ち盛りの子どもたちを前に「これからどうしようか……」と途方にくれました。

「人見知りでおしゃべりが苦手」だった私に、いきなり「一人で子どもを育てていく」という試練が課されたわけです。専業主婦のとき同様、夕方6時には家にいる〝普通のお母さん〟でいたかったのですが、たとえ夕方6時に帰れたとしても、皿洗いやウエイトレスなどのアルバイトでは、時給が低いために生活がままなりません。

そこで、やればやった分だけ報酬が得られ、時間を拘束されない下着販売の仕事を選びました。人見知りで、おしゃべりが苦手な私でしたが、生活のためにセールスの仕事を選んだわけです。そのため最初の3年間は、まったく売れず、泣いてばかりでした。一番安い500円の靴下すら、満足に売ることができませんでした。

あるとき、6日間連続で、何一つ売れないことがありました。さすがに「もう私にはこの仕事は無理だ」と思い、上司に退職を申し出ました。すると、上司はこう言いました。

「あと1日売れない日が続いたら、あなたは「売れない日」連続の新記録を打ち立てられる。どうせやめるんだったら、何でもいいから一番になってからやめては？」と。上司としては、「確かに向いてないのかもね。まぁ、もう少し考えてみてもいいんじゃない」を婉曲的に表現したのでしょう。

しかし、思い詰めていた私は、上司のこの言葉に、「そうか。ワーストナンバーワンになることはできるのか」と、肩の力をふっと抜くことができたのです。するとその日を境に、びっくりするくらい売れるようになりました。

それまでは、「売らなきゃ！」というプレッシャーでガチガチになっていたのでしょう。**プレッシャーがなくなった途端、心が解放され、のびのびと営業で**

きるようになったのです。不思議なもので、お客様のほうから「あれちょうだい、これちょうだい」と注文が来るようになりました。

それ以来、20年間、下着販売の仕事に打ち込みました。仕事が好きだったというより、子どもたちを育てるために必死で働いたというのが本音です。

でも、子どもが大学を卒業し、親としての務めが終わったとき、「もう頑張らなくてもいいんだ」と、風船から空気が抜けるように、仕事に対する気持ちがしぼんでいき、同時にどっと疲れがのしかかってきました。それだけ売上を追い求めて数字とにらめっこする日々に疲れ果てていたのでしょう。

何よりも解放されたかったのは、職場の人間関係でした。下着販売の仕事は、営業成績を競う仕事です。毎月ノルマがあり、頭の中は売上のことでいつもいっぱいでした。同僚は仲間というよりライバルなので、いざこざやトラブルが絶えませんでした。

私は売上はかなり上げていたと思います。でも、いつも何かに追われ、大切なことを見失っているような気がしてなりませんでした。そんな人生を続けるのは、もう終わりにしたいと思いました。

50歳、慎重に〝最後の仕事〟を選ぶ

下着販売の仕事をやめたあと、私は、「次にする仕事はなるべく人と関わらないものを選ぼう」と思っていました。ところが、辞めた途端、体調を崩してしまい、入退院を繰り返すようになりました。健康を著しく損なってしまったのです。

そんなときに紹介されたのが、耳ツボダイエットとフォーエバーの商品を併用する健康ビジネスでした。

当時、ダイエットをうたったビジネスや商品がたくさん出回っていましたが、〝健康のため〟をうたったものはありませんでした。ダイエット商品には良いイメージを持っていませんでしたが、〝健康を維持しながら〟にこだわる姿勢に興味を惹かれました。耳ツボダイエットについて詳しく知りたくなったのです。

ビジネスの主催者である小林ご夫妻に会うため、大阪に向かいました。「勧誘されないように気をつけなきゃ」と思いっきり身構えてお会いしました。ビジネスに興味はあったものの、50歳を過ぎ、次にやる仕事が最後の仕事だ、と思っていたこともあり、仕事選びには慎重でした。

ところが、小林ご夫妻にお会いして、私の気持ちは180度変わりました。お二人は勧誘どころか、ビジネスの話すらしなかったのです。そして、前日の夜に夫婦でエキサイティングミーティング（夫婦げんか）をしたことなどを、ざっくばらんに話されたのです。それまで〝数字〟で戦ってきた私は「なんて自然体なんだろう……」と拍子抜けしました。こんなに大らかでいられるビジネスって、どんなビジネスなんだろうと、ますます興味を持ちました。

人の役に立てる仕事に就きたい

ただし、一つ、ひっかかることがありました。

「ダイエットとは単に痩せることではなく、体質を改善すること、必要な栄養を摂りながらダイエットすることで健康な体を取り戻し、社会から生活習慣病を撲滅する」といったビジネスの考え方には共感できたのですが、商材であるアロエベラジュースが苦手だったのです。昔、アロエクリームを塗ってじんましんが出て、皮膚科の先生から「あなたはアロエを使わないで」と言われたことがあったため、自分はアロエアレルギーだと思い込んでいました。

私には、このビジネスは不向きかな……。そう思っていたとき、小林先生がひと言、こう言いました。

「どんな仕事をするにしても、人に良い影響を与えられる人生の成功者になりたいですね」と。

この言葉でこの仕事をしようと決めました。

というのも、前職では、生活のために売上の数字を追いかけることと、人間関係のトラブルに対応するのに手一杯で、「仕事を通して人の役に立ちたい」という本当の願望を実現できないままだったからです。

耳ツボダイエット事業であれば、また、この事業に携わる方々に共通する大らかな雰囲気の中でなら、そうした不完全燃焼の部分が満たされるのではないかと、この瞬間、確信したのだと思います。

思い込みを払拭、考え方も変えて

下着販売の仕事で、営業の経験は豊富にありました。でも、もう一度初心に戻り、ゼロに戻ってスタートしようと思いました。少なくとも1年間は、皆さんの言うことにすべて「イエス」と言い、真摯に取り組もう……と。

アロエベラジュースが飲めないのではないかという心配は、すぐに解決しました。おそるおそる少しずつ飲んでみたところ、じんましんはまったく出ず、アロエアレルギーでもなんでもなかったことが判明しました。それどころか、飲み始めて4ヶ月後、あれだけ悪かった体調が改善しました。1日仕事をしたら3日寝こむくらい虚弱体質だった私が、すっかり元気になれたのです。


その後、集客用のチラシをつくるときにも、ひと悶着ありました。

健康の話を聞いてくれる人を集めるため、チラシをつくったのですが、それを見せたとき、小林先生から却下されたのです。理由は、私が自分の顔写真を載せていなかったからです。

「誰がやっているかわからないと、人は集まりませんよ」

そう言われたものの、私はどうしても自分の顔を出したくありませんでした。下着販売のときの私を知っている人に、健康ビジネスを始めたことを知られたくなかったからです。何とか顔を出さなくてすむよう、ごまかしながらチラシをつくるものの、すべて却下。困った私は、自分に問いかけました。

「人の役に立ちたくて、この仕事をやろうと思ったんではないの？　だったら、ここで心を決めないといけないいんじゃない？」

その後、意を決して、チラシに顔写真を載せるようにしました。

チラシを完成させ、たくさんの人に健康の大切さを伝えていくうちに、どんどんお客様が増えていきました。何よりうれしかったのは、お客様が健康になり、笑顔になっていく様子を見ることができたことです。

そして、ビジネスを始めて2年半が経った頃、年収3千万円をいただけるようになりました。前職の下着販売で20年かけて到達した年収に、たった2年半で到達できたのです。

学びの場、心地良い人間関係に恵まれて

こうした結果を出せたのは、良質なセミナーや勉強会が充実していたからだと思います。**「平々凡々でも、必ず成し遂げられる」**とあたたかく励ましサポートしていただけます。

もう一つ、このビジネスをやって良かったなと思えるのは、**信頼できる仲間にたくさん恵まれたこと**です。

人間対人間のことなので、ときに気持ちがうまく伝わらないこともあります。でも、それらすべてを「自分の学び」と捉えることができるようになりました。私に必要だから起きる出来事なのだと、笑って受け止めることができるようになりました。

私の仲間の中にも、専業主婦だった方、パートしかやってこなかった方がたくさんおられます。**そうした方々が、経済的に成功し、仲間をつくり、健康な人を増やすことで社会に貢献できている**――これは本当にすばらしいことだと感じています。

いま、私はこう思っています。**これからの時代、何が起こるかわからない。だからこそ、一年一年、充実した日々を送ろう。人のお役に立つ人生を送ろう**、と。

もし、このビジネスを選ばず、別の仕事を選んでいたら、私の人生は不完全燃焼のままだったでしょう。モヤモヤし、いつの間にかマイナスの発想をするかつての暗い私に戻っていたと思います。

もちろん、現在もいろいろな悩みは生まれます。噂が一人歩きし、思った通りにならないことだってあります。でも、**生きているからこそ、行動している からこそ、悩みが生まれる**のだと思います。いっしょに活動している仲間とも、「悩みがあるって幸せなことよね」と言い合っています。

健康を広める。生活習慣病を撲滅する。そして医療費を削減する――関わる方が幸せになれ、社会に貢献できる仕事であればこそ、まだまだ頑張れます。

そして最後にひと言、若い皆さんへのメッセージを付け加えさせてください。

自分では、自分にどんな可能性があるかわからない。

どうかあなたの夢をあきらめないでほしい、と。

おわりに

「人生は変えられる」「誰でもライフシフトできる」と、私と4人の女性のライフシフト事例とともに、変化を起こすための具体的方法をお伝えしました。

良い面ばかりでなく、夫婦げんかのことや、育児にてんやわんやで事故を起こしてしまったことなど、若い頃の恥ずかしい話や失敗も書くよう心がけました。


実際、私たち夫婦は決して褒められた親ではありませんでした。

長男は、後継者としてしっかり育てねばと、夫が竹刀を持って「勉強しろ」と追い回した結果、勉強の大嫌いな子になり、ぐれました。第2章で、夫婦げんかの末に離婚届に署名・捺印し、その際、三男に叱られたエピソードを紹介しましたが、そもそも子どもの前でけんかすること自体が「虐待」に値するNG行為です。

改めて、子どもみたいにダメな親であったと恥ずかしく思います。

現在、子どもたちは立派に成人し、それぞれの道をしっかりと歩んでくれています。

次男は、「親父の後は絶対に継がない」と、関西の大学ではなく、早稲田大学に進学し、東京のＩＴ企業に就職しましたが、夫が介護事業を始める際に手伝ってくれないかと声をかけたところ、おもしろそうだと戻ってきてくれました。幼い頃、私たちが仕事で不在がちだったため、祖父母と過ごす時間の長かった次男は、高齢者と相性が良く、利用者さん思いの良い施設長となってくれました。ところが、しばらくして「医者になりたい」と言い出しました。

利用者の方が複数の病院からもらってくるたくさんの薬を見て、「ダブっているから、こっちはのまなくてもいいよ」とアドバイスしても、結局は医者の指示が優先される、介護の業界のトップも医者なんだと実感しての決断でした。「僕の方が間違いなく利用者さんのことを思っているのに悔しい……」と。

そこで、いったん仕事をやめ、予備校に2年通った末に、医学部に合格。６年後晴れて医者となり、もう間もなくクリニックを開院する予定です。

「無駄な薬を出さない、根本的に病気を治せる医者になりたい」という彼の夢は、耳ツボダイエット事業を通し、「生活習慣病を予防し、病気に悩む人を減らしたい」という私たち夫婦の夢と重なったわけです。

自分の誕生日に、母親に「産んでくれてありがとう。育ててくれてありがとう」との感謝を込めてお花をプレゼントし、近況を報告するという夫の長年の習慣も、子どもたちは誰に言われるでもなく引き継いでくれています。

決して褒められた親ではなかったけれど、良い部分はちゃんと見てくれていたのだなあと、夫と語り合う日々です。

ライフシフトを行うにあたり、頭の中でシミュレーションしてみては、「こうなったらどうしよう」「ああなったら目も当てられない」などとさまざまな不安がよぎることでしょう。

そんなときは、どうか私たち夫婦の失敗の数々を思い出してみてください。

準備万端でスタートを切れなくても、てんやわんやの日々を送っていても、誰かの幸せを思ってひたむきに頑張りつづける背中を人は見ていてくれるものです。

人生を切り拓くには、行動あるのみ。

どうかあなたの「最高に幸せな100年」へと向かって、昨日までとは違う何かに挑戦することから始めてみてください。

著者
小林 ともこ Tomoko Kobayashi

1979年、大谷女子短期大学（現・大阪大谷大学）を卒業後、東洋紡績株式会社（現・東洋紡株式会社）に就職。85年に退職し、4人の子どもと義父母を含む8人家族の主婦業をこなしつつ、夫の経営する小林整骨院（現・株式会社KMC小林整骨院グループ）の運営を支える。93年より、耳ツボダイエットサロンを開業。ダイエットカウンセリングとともに健康食品の販売をスタート。栄養学、コミュニケーション学など自己研鑽、仲間づくりに励み、国内20万人（2023年時点）のビジネスグループのトップリーダーとなる。2005年から約20年間、国内トップクラスの売上を達成。

女性のためのライフシフト
～ LIFE SHIFT for Woman ～
最高に幸せな人生を過ごすために大切なこと

2024年4月9日　初版第一刷発行

著　　者　小林 ともこ
発 行 者　津嶋 栄
発　　行　株式会社日本経営センター（フローラル出版）
〒171-0022
東京都豊島区南池袋1-9-18GOGOオフィス池袋250
TEL：03-6328-3705　注文用FAX：03-6709-8873
印刷･製本　有限会社万来舎

Printed in Japan
ISBN 978-4-910017-36-5　C1036